エコアンダリヤの
デザイン

31

帽子

大人のための
かごバッグと

Contents

D

フリルのミニマルシェバッグ

p.08 / p.44

E

アーミッシュハット

p.10 / p.46

F

ダイヤ柄のサコッシュ

p.11 / p.48

K

六角形モチーフの
ハンドバッグ

p.17 / p.58

L

方眼編みの
スクエアトートバッグ

p.18 / p.60

M

バンブーハンドルの
バッグ

p.19 / p.62

N

巾着ショルダーバッグ

p.20 / p.64

S

ライン入りハット

p.25 / p.74

T

透し模様の
バケットハット

p.26 / p.76

U

シェル模様の巾着バッグ

p.27 / p.78

V

シロツメクサの
マルシェバッグ

p.28 / p.80

A _ タイル模様のマルシェバッグ

編み進むごとに模様ができてくる様子が楽しいタイル柄。
松編みと引上げ編みを1段ごとに繰り返して作ります。
長めの持ち手と、たっぷり入る収納力がうれしい。

Designer／舩越智美
How to make／p.38
Yarn／ハマナカ エコアンダリヤ

B _ トライアングルモチーフのバッグ

光に透ける編み地が美しい、ビッグトート。
大きな三角形のモチーフをはぎ合わせた
オリジナリティあふれるデザインが魅力。

Designer／サイチカ
How to make／p.41
Yarn／ハマナカ エコアンダリヤ

C-I _ ボーダーのクローシュハット

風に飛ばされない、深めにかぶれるクローシュハット。
さわやかな白いラインは、夏の装いによく合います。

Designer／松田久美子
How to make／p.40
Yarn／ハマナカ エコアンダリヤ

D_ フリルのミニマルシェバッグ

シンプルな細編みの丸底バッグは
縁に編んだフリルでガーリーな仕上りに。
ナチュラルカラーもきれい色もはまるデザイン。

Designer／金子祥子
How to make／p.44
Yarn／ハマナカ エコアンダリヤ

E _ アーミッシュハット

リボンあしらいがクラシカルな雰囲気のハット。
クラウンの下側にリボンを通す穴をあけています。

Designer／しずく堂
How to make／p.46
Yarn／ハマナカ エコアンダリヤ

F_ ダイヤ柄のサコッシュ

ソリッドな黒がどこか涼しげなサコッシュ。
少ない持ち物でのおでかけにぴったりです。

Designer／Little Lion
How to make／p.48
Yarn／ハマナカ エコアンダリヤ

G _ フラットトートバッグ

大きなファイルもすっぽり収まり、
スマートに使えるまちなしのトートバッグ。
シルバーとホワイトのクールなカラーリング。

Designer／ハマナカ企画
How to make／p.50
Yarn／ハマナカ エコアンダリヤ

H _ 2色づかいの半円ポーチ

楕円の編み地1枚を二つ折りにしたポーチ。
両サイドに少しだけまちをつけたら、
ぐっと使いやすくなりました。

Designer／青木恵理子
How to make／p.52
Yarn／ハマナカ エコアンダリヤ

| _ ひまわり色のモチーフバッグ

気持ちが浮き立つ鮮やかなイエローのバッグ。
モチーフを互い違いに配置した動きのあるデザインです。

Designer／池上 舞
How to make／p.54
Yarn／ハマナカ エコアンダリヤ

J _ 透し模様のハット

レジャーやスポーツ観戦など
アウトドアシーンにおすすめのつば広の帽子。
甘くなりすぎないシックなブラウンをセレクト。

Designer／金子祥子
How to make／p.56
Yarn／ハマナカ エコアンダリヤ

K _ 六角形モチーフのハンドバッグ

立体的なモチーフで意匠を凝らしたデザイン。
六角形を際立たせたモダンなフォルムで
ワンピースはもちろん浴衣姿にも合います。

Designer／Sachiyo＊Fukao　Maker／＊美羽＊
How to make／p.58
Yarn／ハマナカ エコアンダリヤ

C-II _ トリミングのクローシュハット

p.07「ボーダーのクローシュハット」のバリエーションで、
黒の縁とりタイプ。
折りたたんで持ち運べるから、デイリーに活躍します。

Designer／松田久美子
How to make／p.40
Yarn／ハマナカ エコアンダリヤ

L _ 方眼編みのスクエアトートバッグ

服装を選ばない、シンプルな方眼編みのトートバッグ。
細めのまちとライムイエローでスタイリッシュな仕上りに。

Designer ／ナガイマサミ
How to make ／p.60
Yarn ／ハマナカ エコアンダリヤ

M _ バンブーハンドルのバッグ

クローバーのモチーフとバンブーハンドルがレトロな雰囲気。
きれいなグリーンはコーディネートのアクセントになります。

Designer／marshell
How to make／p.62
Yarn／ハマナカ エコアンダリヤ

N _ 巾着ショルダーバッグ

見た目よりもたっぷり入る巾着バッグは
通勤からデイリーユースまで使える優れもの。
コードやストッパーもすべて手編みです。

Designer／池上 舞
How to make／p.64
Yarn／ハマナカ エコアンダリヤ

O _ 縁飾りつきのハット

縁飾りと編みひものリボンがかわいい帽子。
ブリムが広いので、夏の強い日差しを
しっかりとさえぎります。

Designer／舩越智美
How to make／p.66
Yarn／ハマナカ エコアンダリヤ

P_ リボンショルダーバッグ

持ち運びがしやすいネットバッグは旅のお供に。
肩でひもを結んで、使いやすい長さに調節できるのも便利。

Designer／岡 まり子
How to make／p.68
Yarn／ハマナカ エコアンダリヤ

Q _ ふっくらワンマイルバッグ

2本どりのふっくらとした編み地でやわらかな雰囲気のバッグ。
太い針で早く編めるのもうれしい。

Designer／松田久美子
How to make／p.70
Yarn／ハマナカ エコアンダリヤ

R _ 幾何学模様のマルシェバッグ

幾何学模様を編み込んだクラフト感あふれるバッグ。
底もボーダーで編んでいます。

Designer／河合真弓　Maker／栗原由美
How to make／p.72
Yarn／ハマナカ エコアンダリヤ

S _ ライン入りハット

大人に似合う、マニッシュな帽子。
黒い模様編みが、リボンとはひと味違う
シャープなアクセントに。

Designer／金子祥子
How to make／p.74
Yarn／ハマナカ エコアンダリヤ

T_ 透し模様のバケットハット

細めのエコアンダリヤ《クロッシェ》を使った繊細な帽子。
少し張りのある糸なので、仕上りもしっかりしています。

Designer ／ marshell
How to make ／ p.76
Yarn ／ハマナカ エコアンダリヤ《クロッシェ》

U_ シェル模様の巾着バッグ

スイートなピンクとスカラップで、ロマンティックな巾着。
バッグインバッグとしても活躍します。

Designer ／ Knitting.RayRay
How to make ／ p.78
Yarn ／ハマナカ エコアンダリヤ

V_シロツメクサのマルシェバッグ

花飾りのようにぐるりと編込みを配したバッグ。
白い花はピコットで立体感を出しています。

Designer／uconoおのゆうこ
How to make／p.80
Yarn／ハマナカ エコアンダリヤ

W_ 2way ショルダーバッグ

ショルダーストラップのついた、よそいきバッグ。
ストラップを中にしまって、ハンドバッグとしても使えます。

Designer／岡本啓子　Maker／鈴木恵美子
How to make／p.82
Yarn／ハマナカ エコアンダリヤ

X _ シンプルなマルシェバッグ

入れ口に向かってゆるやかに広がるマルシェバッグ。
細編みにひと工夫して、
ラフなテクスチャーを出しています。

Designer／しずく堂
How to make／p.87
Yarn／ハマナカ エコアンダリヤ

Y _ 格子模様のトートバッグ

大きな格子模様のバッグ。
レザー底を使用しているので、
早く編めて、荷物の収まりも抜群。

Designer／河合真弓　Maker／関谷幸子
How to make／p.84
Yarn／ハマナカ エコアンダリヤ

Z _ ブーケの刺繍のクラッチバッグ

とっておきのおでかけに花束を連れて。
フラップにブーケの刺繍をあしらったクラッチバッグは
四角く編んで両脇をとめて仕立てます。

Designer／poritorie
How to make／p.90
Yarn／ハマナカ エコアンダリヤ

How to make

次ページからは、エコアンダリヤ
の素材の特徴や扱い方、知ってお
くとよいテクニックなどをご紹介し
ています。
かぎ針編みの基本の編み方につ
いては、92ページからのテクニッ
クガイドをご覧ください。

［用意するもの］

糸

エコアンダリヤ
木材パルプを原料とした再生繊維で、レーヨン100%の天然素材。ナチュラルな風合いとさらりとした手触りが特徴です。撚りのない薄いテープ状で色数も豊富。段染めタイプの「かすり染め」もあります。使用するときはラベルを外さず、内側から糸を取り出して使います。40g玉巻き。

エコアンダリヤ《クロッシェ》
エコアンダリヤと同じ素材で半分の太さです。適度なコシと張りがあり、かぎ針の模様がきれいに表現できるので、繊細な模様と編み地が楽しめます。30g玉巻き。

用具

かぎ針
2/0号～10/0号まであり、数字が大きくなるほど太くなります。両かぎ針は2種類の太さの針が両端についていて便利です。

毛糸とじ針
太くて先端が丸い針。糸始末やモチーフのはぎ合せ、刺繍などに使用します。

その他

段目リング
決まった目数や段数を編んだところでつけておくと目印になり、数えるときに便利です。

はさみ
よく切れる手芸用のはさみがおすすめ。

熱収縮チューブ（H204-605）
テクノロートの端の始末やつなぎ目に使用します。

テクノロート（H204-593）
形状保持に使うポリエチレン製の芯材。帽子のブリムなど形を保ちたいところに芯として編みくるんで使います。

はっ水スプレー（H204-634）
エコアンダリヤは吸水性の高い素材なので、スプレーを使い、はっ水・防汚効果を持たせるのがおすすめです。

スプレーのり（H204-614）
スチームアイロンで形を整えたあと、スプレーのりをかけると形状が長く保つことができます。

［ゲージについて］

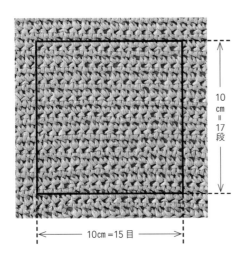

10cm＝17段

10cm＝15目

ゲージとは編み目の大きさの目安のことをいい、指定した編み地の一定の寸法の中に入っている目数と段数を示します。ゲージを合わせることで、掲載されている作品と同じサイズで編むことができます。ゲージは編む人の手加減によって異なるため、自分のゲージをはかって、それを目安に調整するとよいでしょう。

◎ゲージのはかり方
指定の編み方で編んだ15cm四方程度の編み地を平らに置き、指定の寸法内の目数と段数を数えます。
・**目数段数が指定より多いとき**→手加減を少しゆるめにするか、表示よりも1～2号太い針を使います。
・**目数段数が指定より少ないとき**→手加減を少しきつめにするか、表示よりも1～2号細い針を使います。

［エコアンダリヤについて］

エコアンダリヤの特徴

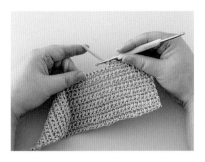

編み進んでいくと、編み地が丸まってきますがそのまま編み進んで大丈夫です。平らに整えるには編み地から2cm程度浮かせてスチームアイロンを当てます。

編み間違えてほどいた場合、ほどいた糸に2cm程度浮かせてスチームアイロンを当てると糸が元どおり伸びて編みやすくなります。

帽子やバッグの仕上げ

1. 帽子やバッグの中に新聞紙やタオルを詰めて形を整えます。

2. 編み地から2cm程度浮かせて外側からスチームアイロンを当て、乾くまでそのままにします。ブリムは平らに置いて同様にスチームアイロンを当てます。

レザー底に編みつける

楕円のレザー底と補強用の底板。

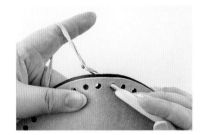

1. レザー底、底板の穴に一緒に針を入れ、立上りの鎖編みを編みます。

2. 鎖編みが編めたところ。同じ穴に細編みを編みます。

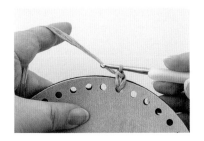

3. 細編みが編めたところ。同じ要領で編み図のとおりに穴に編みつけていきます。

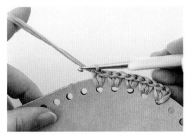

作品によっては、1つの穴に2目または3目編み入れる場合があります。

配色糸の替え方（段ごとに替える場合）

1. 引抜き編みは、次の段を編む配色糸（ブルー）を針にかけて引き抜きます。

2. 続けて次の段を配色糸で編みます。

縦に糸が渡っている、裏の様子。

編込み模様

×××**×**××××**×××××××××**××× □=地糸 ▨=配色糸

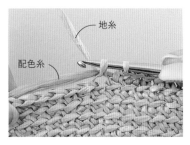

1. 地糸（ベージュ）で配色糸（ブルー）に替える手前まで編んだところ。

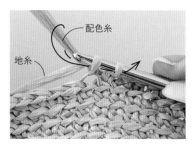

2. 最後に糸を引き抜くときに地糸（ベージュ）を手前にして配色糸（ブルー）に替えて編みます。

3. 引き抜いたところ。目の頭は地糸（ベージュ）で針にかかった糸が配色糸（ブルー）になりました。

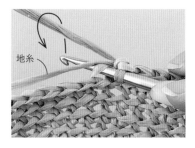

4. 地糸（ベージュ）を編みくるみながら、配色糸（ブルー）で編みます。

5. 配色糸（ブルー）に替わりました。

6. 地糸（ベージュ）に替えるときも、最後に糸を引き抜くときに色を替えて編みます。

テクノロートの使い方 ※わかりやすいよう黒のテクノロートを使用しています。

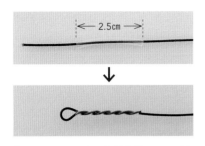

1. 2.5㎝にカットした熱収縮チューブをテクノロートに通します。チューブから引き出したテクノロートを二つ折りにして輪を作ってねじり、チューブをかぶせます。ドライヤーの温風を当ててチューブを縮めます。

2. 立上りの鎖を編み、前段の編始めの目とテクノロートの輪に針を入れます。

3. 糸をかけて引き出し、細編みを編みます。

4. 続けて、テクノロートを編みくるみながら細編みを編みます。

5. 途中でブリムの形を整えながら編み進みます。

6. 編終りの5目手前まできたら、5目分の2倍の長さを残してテクノロートをカットします。

7. 1の要領で熱収縮チューブを使って輪を作ります。

8. 最後の目の手前まで編みくるみます。

9. 2、3の要領でテクノロートの輪に針を入れて細編みを編み、編始めと引き抜きます。

チェーンつなぎ ※わかりやすいよう、糸の色を変えています。

1. 編終りの糸を15㎝程度残してカットし、糸端を引き出してとじ針をつけます。編始めの目の頭の鎖をすくいます。

2. 編終りの目の鎖の中に針を入れ、裏側に出します。

3. 糸を引いて鎖目を作ります。糸は裏側で始末します。

A タイル模様のマルシェバッグ／photo p.04

［用意するもの］

糸　ハマナカ　エコアンダリヤ（40g玉巻き）
　　ベージュ（23）235g、ホワイト（1）80g

針　6/0号かぎ針

［ゲージ］　細編み　20目18段が10cm四方
　　　　　　模様編み（4段め以降）4模様が14.5cm、
　　　　　　8段が6.5cm

［サイズ］　入れ口幅40cm、底直径22cm　深さ32cm

［編み方］

糸は1本どりで、指定の配色で編みます。
底は輪の作り目をし、細編みで増しながら編みます。側面は模様編みで往復して輪に編みます。2～4段めで増し、続けて増減なく編みます。入れ口を細編みと鎖編みで編み、最後に引抜き編みを編みます。持ち手は鎖110目を作り目し、細編みと引抜き編みで編み、側面の裏側にとじつけます。

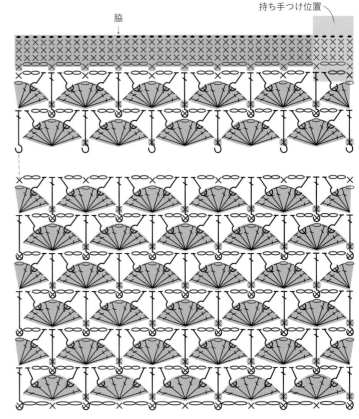

脇

持ち手つけ位置

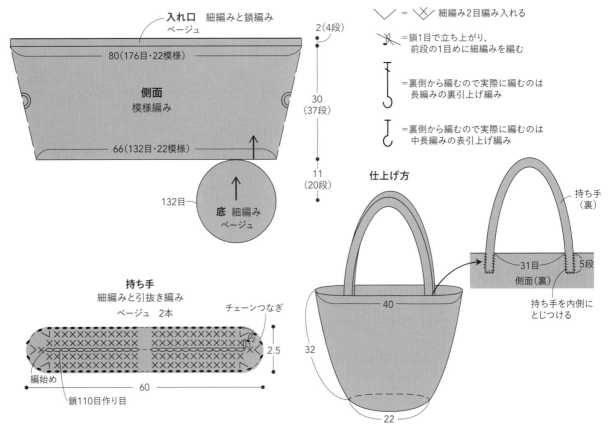

入れ口　細編みと鎖編み
ベージュ

80（176目・22模様）

側面
模様編み

66（132目・22模様）

2（4段）

30
（37段）

11
（20段）

132目

底　細編み
ベージュ

∨ = ✕✕ 細編み2目編み入れる

✕ =鎖1目で立ち上がり、
　前段の1目めに細編みを編む

=裏側から編むので実際に編むのは
　長編みの裏引上げ編み

=裏側から編むので実際に編むのは
　中長編みの表引上げ編み

持ち手
細編みと引抜き編み
ベージュ　2本

チェーンつなぎ

2.5

編始め

60

鎖110目作り目

仕上げ方

持ち手
（裏）

31目　　5段
側面（裏）

持ち手を内側に
とじつける

40

32

22

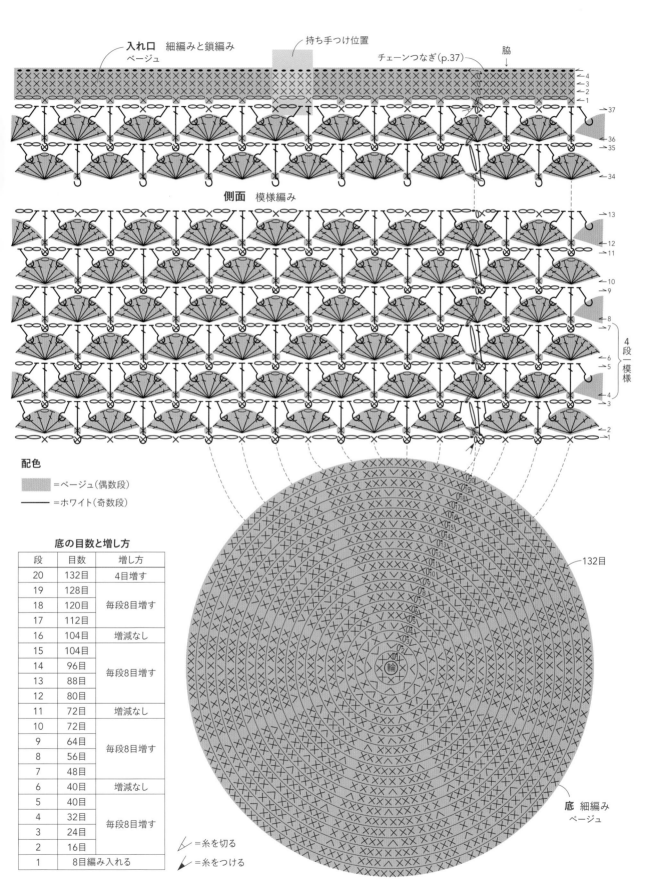

入れ口　細編みと鎖編み
ベージュ

持ち手つけ位置

チェーンつなぎ(p.37)

脇

→4
←3
→2
←1

→37
←36
→35
←34

側面　模様編み

→13
→12
→11
→10
→9
←8
→7
←6
→5
→4
→3

4段一模様

→2
←1

配色

=ベージュ(偶数段)

=ホワイト(奇数段)

132目

底　細編み
ベージュ

底の目数と増し方

段	目数	増し方
20	132目	4目増す
19	128目	毎段8目増す
18	120目	
17	112目	
16	104目	増減なし
15	104目	毎段8目増す
14	96目	
13	88目	
12	80目	
11	72目	増減なし
10	72目	毎段8目増す
9	64目	
8	56目	
7	48目	
6	40目	増減なし
5	40目	毎段8目増す
4	32目	
3	24目	
2	16目	
1	8目編み入れる	

=糸を切る

=糸をつける

39

C　ボーダーのクローシュハット、トリミングのクローシュハット／*photo p.07、16*

[用意するもの]

糸　ハマナカ エコアンダリヤ（40g玉巻き）

C-I　ベージュ（23）75g、ホワイト（1）25g

C-II　ベージュ（23）85g、ブラック（30）15g

針　5/0号かぎ針

その他　ハマナカ テクノロート（H204-593）100cm

　　　　ハマナカ 熱収縮チューブ（H204-605）5cm

[ゲージ] 細編み　17目18段が10cm四方

[サイズ] 頭回り56.5cm　深さ16.5cm

[編み方]

糸は1本どりで、指定の配色で編みます。

トップは輪の作り目をし、細編みで増しながら編みます。サイドは増減なく編みます。ブリムは増しながら編み、最終段にテクノロートを編みくるみます（p.37参照）。

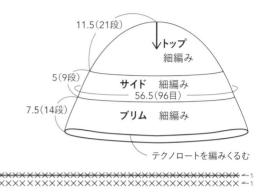

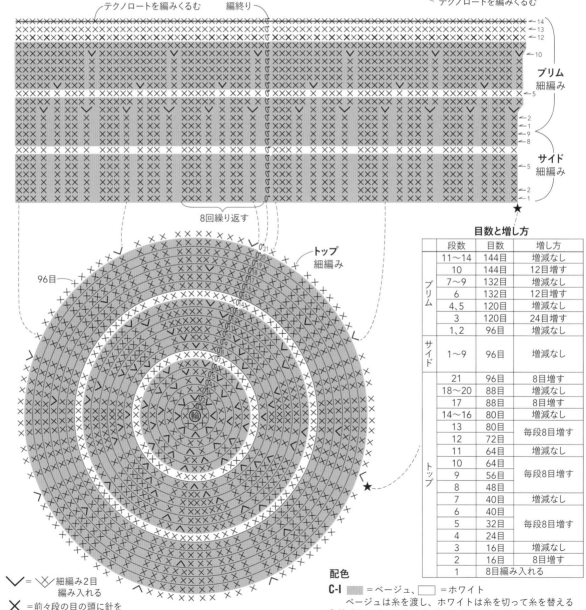

∨＝細編み2目編み入れる

✕＝前々段の目の頭に針を入れ、細編みを編む

目数と増し方

	段数	目数	増し方
ブリム	11〜14	144目	増減なし
	10	144目	12目増す
	7〜9	132目	増減なし
	6	132目	12目増す
	4、5	120目	増減なし
	3	120目	24目増す
	1、2	96目	増減なし
サイド	1〜9	96目	増減なし
トップ	21	96目	8目増す
	18〜20	88目	増減なし
	17	88目	8目増す
	14〜16	80目	増減なし
	13	80目	毎段8目増す
	12	72目	
	11	64目	増減なし
	10	64目	毎段8目増す
	9	56目	
	8	48目	
	7	40目	増減なし
	6	40目	毎段8目増す
	5	32目	
	4	24目	
	3	16目	増減なし
	2	16目	8目増す
	1	8目編み入れる	

配色

C-I　▨＝ベージュ、□＝ホワイト

　ベージュは糸を渡し、ホワイトは糸を切って糸を替える

C-II　ブリム12〜14段めをブラック、それ以外をベージュで編む

B　トライアングルモチーフのバッグ／ photo p.06

[用意するもの]

糸　ハマナカ エコアンダリヤ（40g玉巻き）
　　ホワイト（1）320g

針　7/0号、8/0号かぎ針

[ゲージ]　模様編み　17目7.5段が10cm四方

[サイズ]　幅41.5cm　深さ40cm

[編み方]

糸は指定以外1本どり、7/0号針で編みます。
本体は鎖6目の輪の作り目をし、模様編みで三角形
に編みます。折り山で折り、合い印を重ねて引抜き
はぎをし、袋状にします。入れ口に糸をつけ、細
編みと引抜き編みを編みます。持ち手ひもは入れ
口に鎖編みでループを5本ずつ編みつけます。持ち
手は鎖40目を作り目し、細編みで編みます。持ち
手に持ち手ひものループを通してとじ、上下を引抜
き編みではぎます。

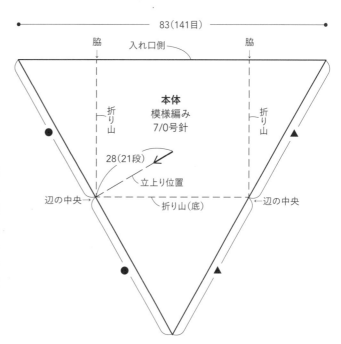

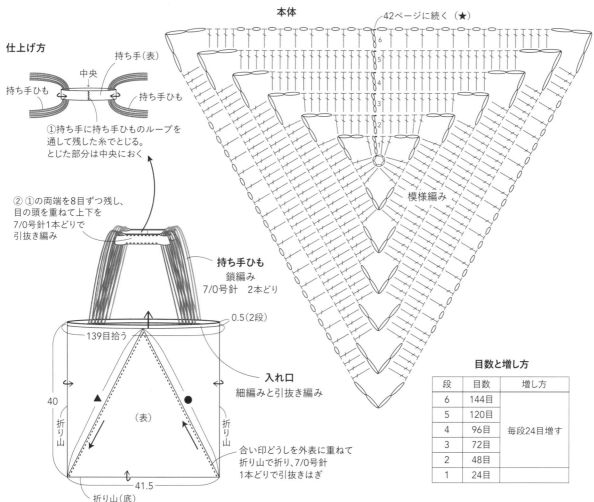

仕上げ方

①持ち手に持ち手ひものループを
通して残した糸でとじる。
とじた部分は中央におく

②①の両端を8目ずつ残し、
目の頭を重ねて上下を
7/0号針1本どりで
引抜き編み

持ち手ひも
鎖編み
7/0号針　2本どり

42ページに続く（★）

本体
模様編み
7/0号針

模様編み

入れ口
細編みと引抜き編み

合い印どうしを外表に重ねて
折り山で折り、7/0号針
1本どりで引抜きはぎ

目数と増し方

段	目数	増し方
6	144目	
5	120目	
4	96目	毎段24目増す
3	72目	
2	48目	
1	24目	

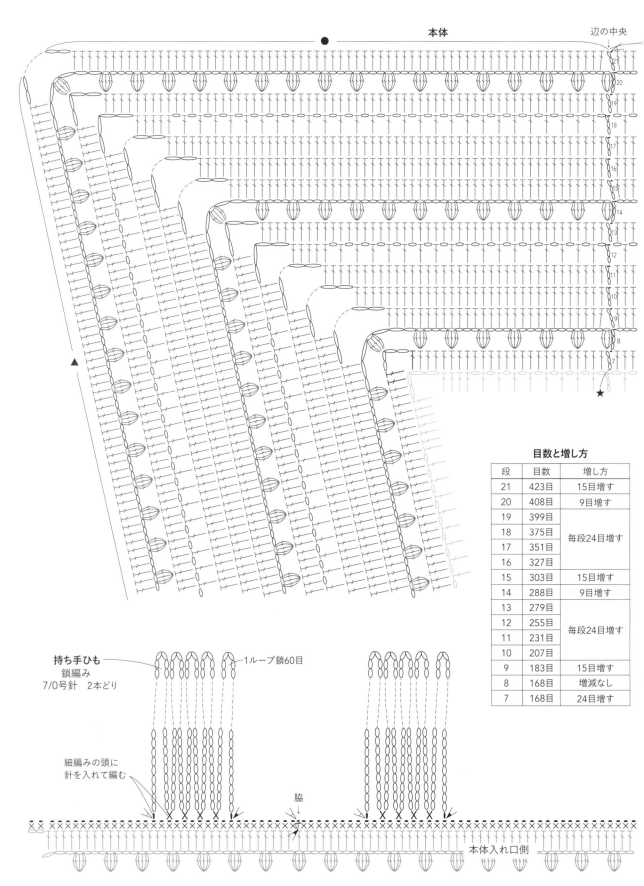

本体

辺の中央

段	目数	増し方
21	423目	15目増す
20	408目	9目増す
19	399目	
18	375目	毎段24目増す
17	351目	
16	327目	
15	303目	15目増す
14	288目	9目増す
13	279目	
12	255目	毎段24目増す
11	231目	
10	207目	
9	183目	15目増す
8	168目	増減なし
7	168目	24目増す

目数と増し方

持ち手ひも
鎖編み
7/0号針　2本どり

1ループ鎖60目

細編みの頭に
針を入れて編む

脇

本体入れ口側

42

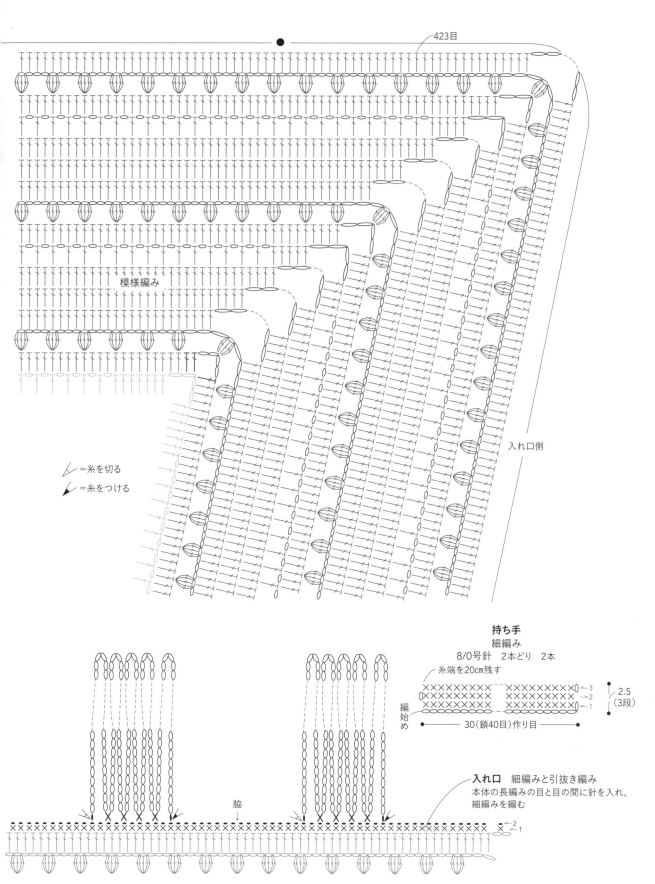

423目

模様編み

入れ口側

＝糸を切る
＝糸をつける

持ち手
細編み
8/0号針　2本どり　2本
糸端を20cm残す

編始め

30（鎖40目）作り目

2.5
（3段）

脇

入れ口　細編みと引抜き編み
本体の長編みの目と目の間に針を入れ、
細編みを編む

D　フリルのミニマルシェバッグ／_photo p.08_

[用意するもの]

糸　ハマナカ エコアンダリヤ（40g玉巻き）
　　左　　レトログリーン（68）170g
　　中央　ベージュ（23）170g
　　右　　レッドオレンジ（164）170g
針　6/0号かぎ針
[ゲージ]　細編み　18目24段が10cm四方
[サイズ]　入れ口幅31cm　底直径14cm　深さ16cm

[編み方]

糸は1本どりで編みます。

底は輪の作り目をし、細編みで増しながら編みます。側面は細編みで、最終段を細編みと鎖編みで編みます。糸は切らずに休ませておきます。フリル下側は本体の入れ口を手前にし、新しい糸で側面最終段の細編みの頭の向う半目を拾い、模様編みで輪に編みます。フリル上側は本体の底を手前にし、休めていた糸で側面最終段の細編みの頭の残りの半目を拾い、模様編みで輪に編みます。入れ口は新しく糸をつけ、側面の36段めの細編みの頭を拾って輪に編みます。持ち手は鎖80目を作り目し、細編みと引抜き編みの筋編みで編みます。持ち手を側面の裏側にとじつけます。

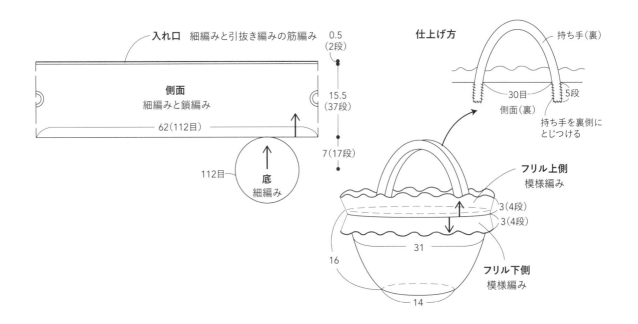

フリル　模様編み

※フリル下側は本体の入れ口を手前に置き、側面37段めの細編みの頭の向う側の半目を拾って1段めを編む
　フリル上側は本体の底を手前に置き、側面37段めの細編みの頭の残りの半目を拾って1段めを編む

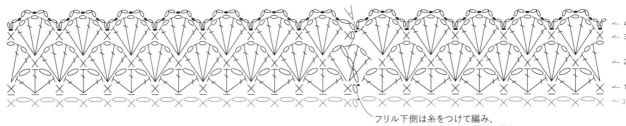

フリル下側は糸をつけて編み、
フリル上側は側面の糸で続けて編む

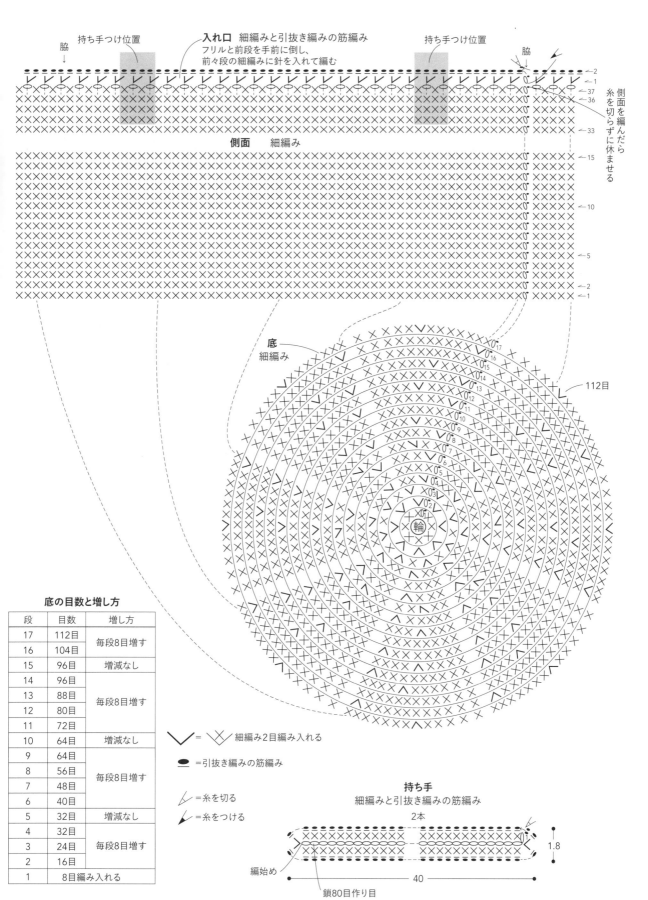

脇
持ち手つけ位置
入れ口 細編みと引抜き編みの筋編み
フリルと前段を手前に倒し、
前々段の細編みに針を入れて編む
持ち手つけ位置
脇

側面を編んだら糸を切らずに休ませる

側面 細編み

底
細編み

112目

底の目数と増し方

段	目数	増し方
17	112目	毎段8目増す
16	104目	
15	96目	増減なし
14	96目	毎段8目増す
13	88目	
12	80目	
11	72目	
10	64目	増減なし
9	64目	毎段8目増す
8	56目	
7	48目	
6	40目	
5	32目	増減なし
4	32目	毎段8目増す
3	24目	
2	16目	
1	8目編み入れる	

⋁ = ⋋⋌ 細編み2目編み入れる

● =引抜き編みの筋編み

⟋ =糸を切る

⟋ =糸をつける

持ち手
細編みと引抜き編みの筋編み
2本

1.8

40

編始め

鎖80目作り目

E　アーミッシュハット／photo p.10

[用意するもの]

糸　ハマナカ エコアンダリヤ（40g玉巻き）

　　　ベージュ（23）150g

針　5/0号、6/0号かぎ針

その他　幅3.5cmグログランリボン　黒　200cm

[ゲージ]　細編み　20目20段が10cm四方

　　　　　模様編み　20目が10cm　7段（1模様）

　　　　　が3cm

[サイズ]　頭回り56cm　深さ8cm

[編み方]

糸は1本どりで、指定の針で編みます。

トップは5/0号針で輪の作り目をし、細編みで増しながら編みます。6/0号針に替え、サイドは1段めを細編みの裏引上げ編みで、2段め以降は模様編みで増減なく編みます。ブリムは模様編みで増しながら編み、途中でリボン通し穴を鎖編みで編みます。リボン通し穴からリボンを通します。※サイド、ブリムの引抜き編みは目が締まりやすいので気をつけて編みます。きつくなってしまう場合は針の号数を上げてみましょう。

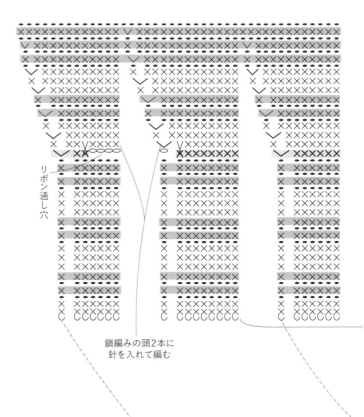

リボン通し穴

鎖編みの頭2本に
針を入れて編む

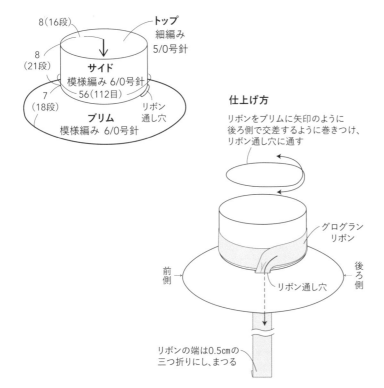

8（16段）

トップ
細編み
5/0号針

8
（21段）

サイド
模様編み 6/0号針
56（112目）

7
（18段）

ブリム
模様編み 6/0号針

リボン
通し穴

仕上げ方

リボンをブリムに矢印のように後ろ側で交差するように巻きつけ、リボン通し穴に通す

グログラン
リボン

前側　　　　　　　後ろ側

リボン通し穴

リボンの端は0.5cmの
三つ折りにし、まつる

サイド、ブリムの目数と増し方

	段数	目数	増し方
	18	196目	増減なし
	17	196目	7目増す
	16	189目	増減なし
	15	189目	7目増す
	14	182目	増減なし
	13	182目	7目増す
	12	175目	増減なし
	11	175目	
ブリム	10	168目	毎段7目増す
	9	161目	
	8	154目	
	7	147目	増減なし
	6	147目	7目増す
	5	140目	増減なし
	4	140目	
	3	133目	毎段7目増す
	2	126目	
	1	119目	
サイド	1〜21	112目	増減なし

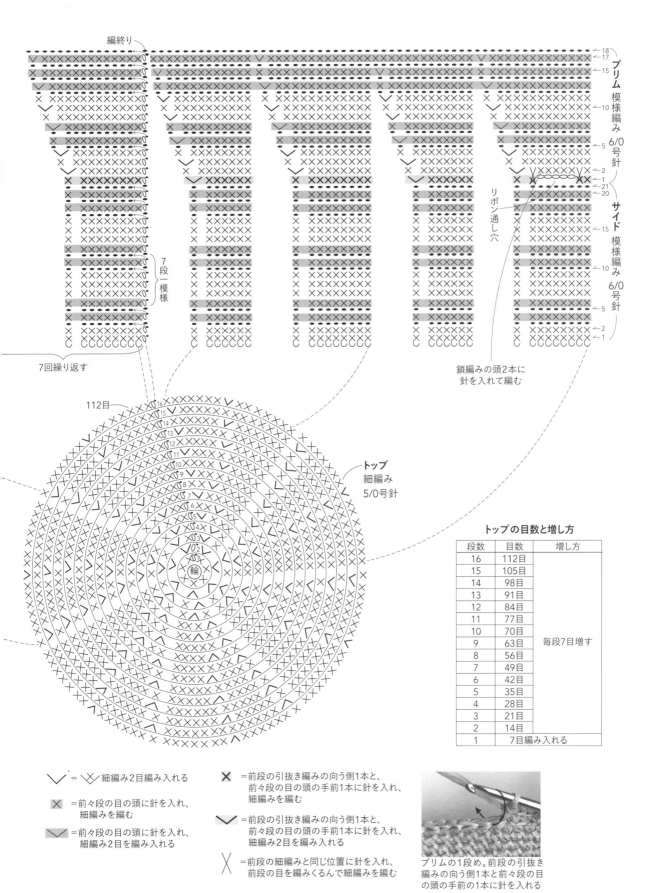

編終り

ブリム
模様編み
6/0号針

サイド

リボン通し穴

模様編み
6/0号針

7段一模様

7回繰り返す

112目

鎖編みの頭2本に
針を入れて編む

トップ
細編み
5/0号針

トップの目数と増し方

段数	目数	増し方
16	112目	
15	105目	
14	98目	
13	91目	
12	84目	
11	77目	
10	70目	
9	63目	毎段7目増す
8	56目	
7	49目	
6	42目	
5	35目	
4	28目	
3	21目	
2	14目	
1	7目編み入れる	

＝細編み2目編み入れる

＝前々段の目の頭に針を入れ、細編みを編む

＝前々段の目の頭に針を入れ、細編み2目を編み入れる

＝前段の引抜き編みの向う側1本と、前々段の目の頭の手前1本に針を入れ、細編みを編む

＝前段の引抜き編みの向う側1本と、前々段の目の頭の手前1本に針を入れ、細編み2目を編み入れる

＝前段の細編みと同じ位置に針を入れ、前段の目を編みくるんで細編みを編む

ブリムの1段め。前段の引抜き編みの向う側1本と前々段の目の頭の手前の1本に針を入れる

47

F ダイヤ柄のサコッシュ／photo p.11

[用意するもの]

糸　ハマナカ エコアンダリヤ（40g玉巻き）
　　　ブラック（30）110g

針　5/0号かぎ針

その他　マグネット付丸型ホック 14mm（金/H206-
　　　　043-1）1組み

[ゲージ]　細編み　19目21.5段が10cm四方
　　　　　模様編み　19目21.5段が10cm四方

[サイズ]　幅16.5cm　深さ19.5cm　まち4.5cm

[編み方]

糸は1本どりで編みます。

底は鎖25目を作り目し、細編みで増しながら編みます。側面は模様編みで41段めまで編み、糸は切らずに休ませておきます。タブは鎖7目を作り目し、細編みで増しながら往復して輪に編みます。タブにマグネットホックをつけます。休めていた糸で最終段を編みながら、指定の位置の裏側にタブを重ねて編みつなぎます。ひもはえび編みで編みます。まちの裏側にひもをとじつけます。

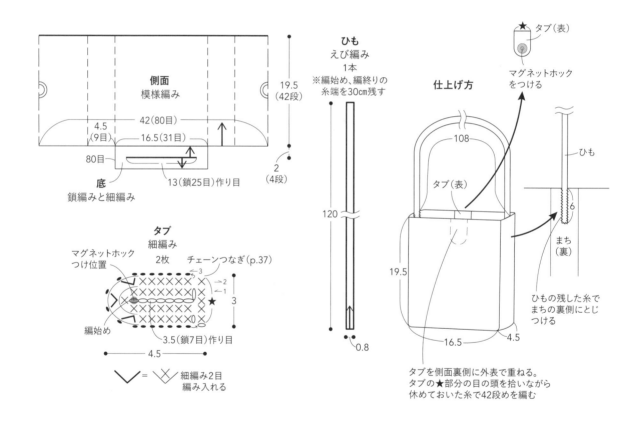

えび編み

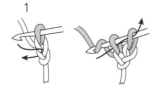

1　作り目を絞らずに鎖1目を編み、始めの目に細編みを編みます

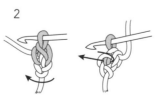

2　左に回し、裏側の糸2本をすくって細編みを編みます

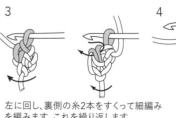

3　左に回し、裏側の糸2本をすくって細編みを編みます。これを繰り返します

4

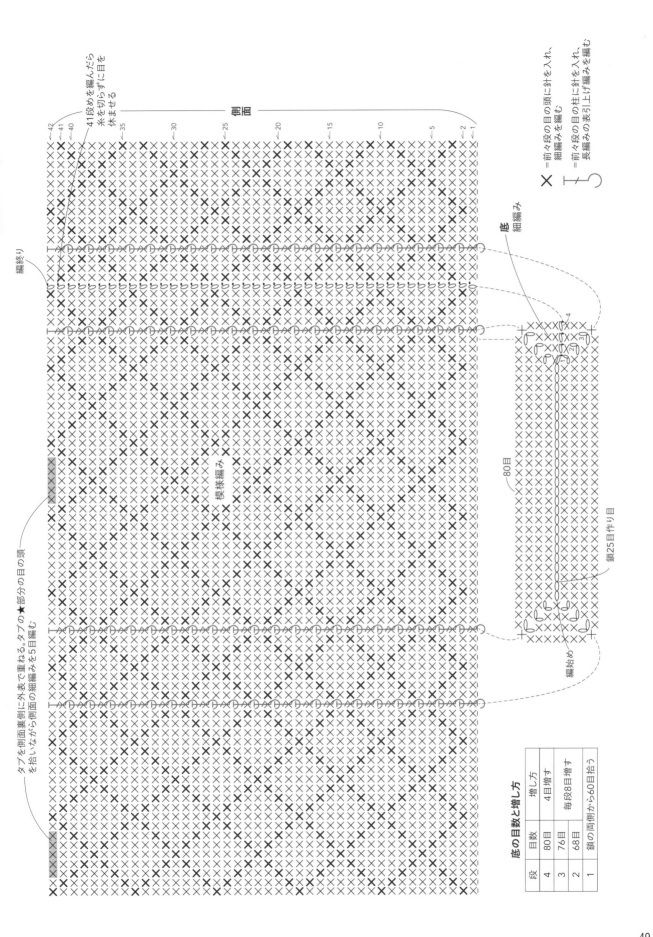

側面

編終り

模様編み

底
細編み

80目

鎖25目作り目

編始め

←42
←41
←40
←35
←30
←25
←20
←15
←10
←5
←2
←1

41段めを編んだら糸を切らずに目を休ませる

タブを側面裏側に外表で重ねる。タブの★部分の目の頭を拾いながら側面の細編みを5目編む

× ＝前々段の目の頭に針を入れ、細編みを編む

＝前々段の目の柱に針を入れ、長編みの表引き上げ編みを編む

底の目数と増し方

段	目数	増し方
4	80目	4目増す
3	76目	毎段8目増す
2	68目	
1	鎖の両側から60目拾う	

G フラットトートバッグ／photo p.12

[用意するもの]

糸　ハマナカ エコアンダリヤ（40g玉巻き）
　　シルバー（174）165g、ホワイト（1）35g
針　5/0号かぎ針
[ゲージ] 長編み　21目7.5段が10cm四方
[サイズ] 幅37cm　深さ30.5cm

[編み方]

糸は1本どりで、指定の配色で編みます。
本体は鎖13目を作り目し、長編みで往復して輪に編みます。同じものを2枚編みます。本体2枚を外表に重ね、細編みでつなぎます。入れ口に糸をつけ、細編みで輪に編みます。持ち手は鎖70目を作り目し、細編みで増しながら編みます。上下を突き合わせ、両端を残して巻きかがりでとじます。持ち手を入れ口にとじつけます。

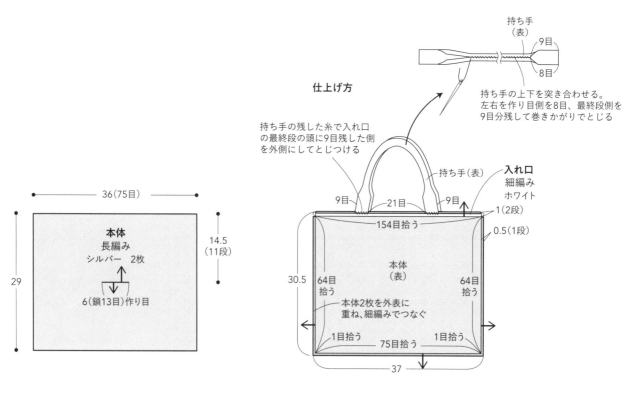

持ち手
（表）
9目
8目

持ち手の上下を突き合わせる。
左右を作り目側を8目、最終段側を9目分残して巻きかがりでとじる

仕上げ方

持ち手の残した糸で入れ口の最終段の頭に9目残した側を外側にしてとじつける

持ち手（表）

9目　21目　9目

入れ口
細編み
ホワイト
1（2段）
0.5（1段）

154目拾う

30.5　64目拾う　本体（表）　64目拾う

本体2枚を外表に
重ね、細編みでつなぐ

1目拾う　75目拾う　1目拾う

37

36（75目）

本体
長編み
シルバー　2枚

14.5
（11段）

6（鎖13目）作り目

29

持ち手
細編み
ホワイト　2本
※編始めと編終りの糸端を30cm残す

3.5
（5段）

42（鎖70目）作り目　編始め

50

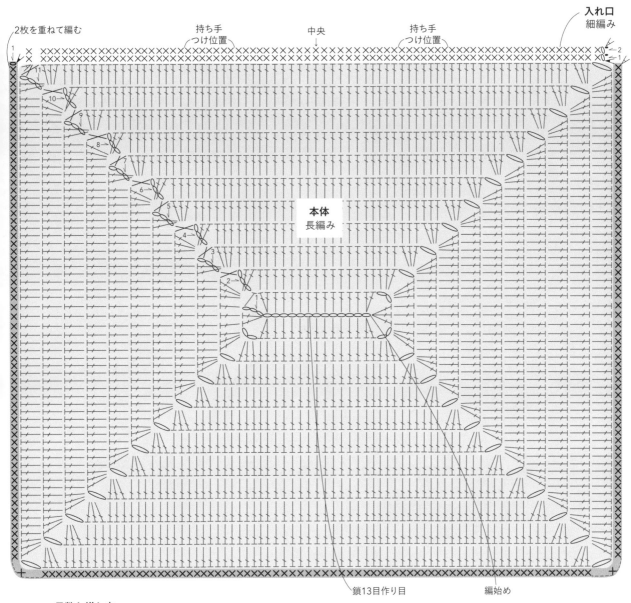

入れ口
細編み

2枚を重ねて編む　持ち手 つけ位置　中央　持ち手 つけ位置

本体
長編み

鎖13目作り目　　編始め

目数と増し方
※角の鎖編み、段の編終りの目数は除く

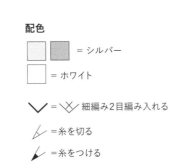

段	目数	増し方
11	276目	
10	252目	
9	228目	
8	204目	
7	180目	毎段24目増す
6	156目	
5	132目	
4	108目	
3	84目	
2	60目	
1	鎖の両側から36目拾う	

配色

▨ ▨ = シルバー

☐ = ホワイト

∨ = ⋎ 細編み2目編み入れる

⟍ = 糸を切る

◤ = 糸をつける

51

H 2色づかいの半円ポーチ／photo p.13

[用意するもの]

糸　ハマナカ エコアンダリヤ（40g玉巻き）
　　赤系／ピンク（71）、レッドオレンジ（164）
　　各30g
　　青系／ミント（902）、ライトブルー（66）各30g
針　6/0号かぎ針
その他　20cmのファスナー
　　　　赤系／レッド　青系／ホワイト　1本、
　　　　手縫い糸
[ゲージ] 細編みの畝編み　20目21段が10cm四方
[サイズ] 幅20cm　深さ16cm　まち1cm

[編み方]

糸は1本どりで、指定の配色で編みます。
本体は鎖22目を作り目し、細編みの畝編みで両端で増しながら往復して輪に編み、糸を切ります。まちは鎖20目を作り目し、細編みで編みます。本体を底で二つ折りにし、まちと外表に重ねて本体の最終段の指定の位置に引抜き編みでつなぎます。入れ口にファスナーを返し縫いでつけます。タッセルを作り、ファスナーのスライダーの引き手に通します。

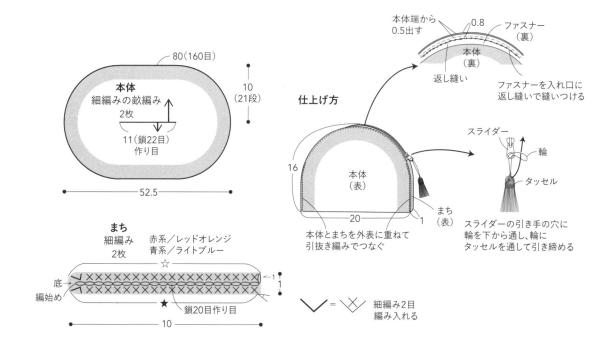

本体
細編みの畝編み
2枚
80（160目）
10（21段）
11（鎖22目）作り目
52.5

まち
細編み
2枚
赤系／レッドオレンジ
青系／ライトブルー
底
編始め
鎖20目作り目
10
1

仕上げ方

本体端から0.5出す
0.8
ファスナー（裏）
本体（裏）
返し縫い
ファスナーを入れ口に返し縫いで縫いつける

本体（表）
16
20
まち（表）
1
本体とまちを外表に重ねて引抜き編みでつなぐ

スライダー
輪
タッセル
スライダーの引き手の穴に輪を下から通し、輪にタッセルを通して引き締める

∨ = ╳ 細編み2目編み入れる

タッセルの作り方
赤系／レッドオレンジ
青系／ライトブルー

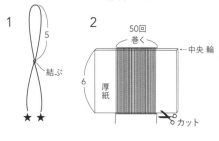
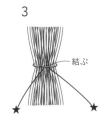
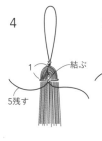
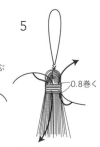

1
糸を36cmを二つ折りにして、5cm下を結びます

2
50回巻く
中央 輪
6
厚紙
カット
6cm幅の厚紙に糸を50回巻きつけて、片側の輪をカットします

3
結ぶ
厚紙から糸を外し、1の糸の上に2の糸を乗せ、★の糸で中央の輪部分をしっかり結びます

4
1
結ぶ
5残す
結び目を内側にして折り、束ねます。別糸（60cm）で1cm下を結び片側の糸端を5cm残します

5
0.8巻く
長く残した糸端でぐるぐる0.8ほど巻きます。糸端を巻いた部分に矢印のようにとじ針で通して中に入れます

6
3
上側の糸端をギリギリでカットし、下側の糸端は3cmに切りそろえます。タッセルにスチームアイロンを当てて整えます

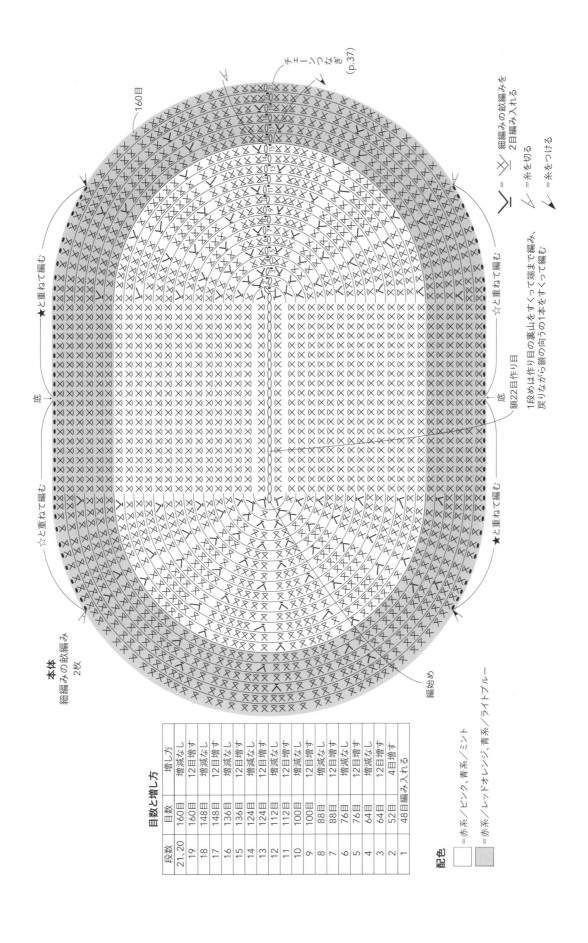

本体
細編みの畝編み
2枚

チェーンつなぎ (p.37)

160目

底

★と重ねて編む

☆と重ねて編む

鎖22目作り目

1段めは作り目の裏山をすくって端まで編み、
戻りながら鎖の向う側の鎖の1本をすくって編む

編み始め

∨＝⊻ 細編みの筋編み
2目編み入れる

╱ ＝糸を切る

╲ ＝糸をつける

目数と増し方

段数	目数	増し方
21,20	160目	増減なし
19	160目	12目増す
18	148目	増減なし
17	148目	12目増す
16	136目	増減なし
15	136目	12目増す
14	124目	増減なし
13	124目	12目増す
12	112目	12目増す
11	112目	増減なし
10	100目	12目増す
9	100目	増減なし
8	88目	12目増す
7	88目	増減なし
6	76目	12目増す
5	76目	増減なし
4	64目	12目増す
3	64目	増減なし
2	52目	12目増す
1	48目	48目編み入れる

配色

□ ＝赤系／ピンク、青系／ミント
■ ＝赤系／レッドオレンジ、青系／ライトブルー

J ひまわり色のモチーフバッグ／photo p.14

[用意するもの]

糸　ハマナカ エコアンダリヤ（40g玉巻き）
　　マスタード（139）105g、アイボリー（168）
　　70g

針　5/0号かぎ針

[ゲージ]　モチーフ　7.5×7.5cm

　　　　　細編み　4目が2.5cm　19段が10cm

[サイズ]　幅26cm　深さ30cm

[編み方]

糸は1本どりで、指定の配色で編みます。

モチーフは輪の作り目をし、記号図のように28枚編みます。モチーフを巻きかがりはぎ（半目）で袋状につなぎ、側面を作ります。持ち手は鎖4目を作り目し、細編みで往復して編み、続けて回りを引抜き編みで編みます。持ち手を側面の裏側にとじつけます。

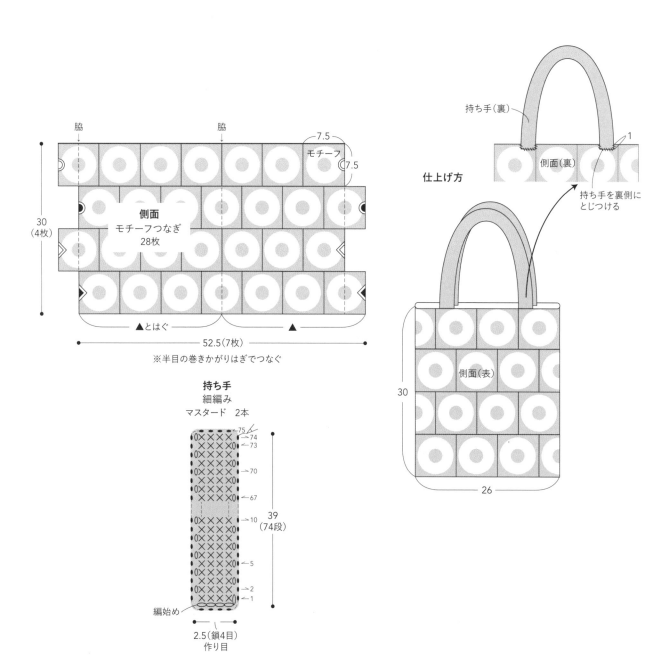

側面
モチーフつなぎ

※マスタードの糸で半目の巻きかがりはぎ
でつなぐ。底と入れ口以外のモチーフの
角は3方向につなぐように同じ目に2回
針を入れる

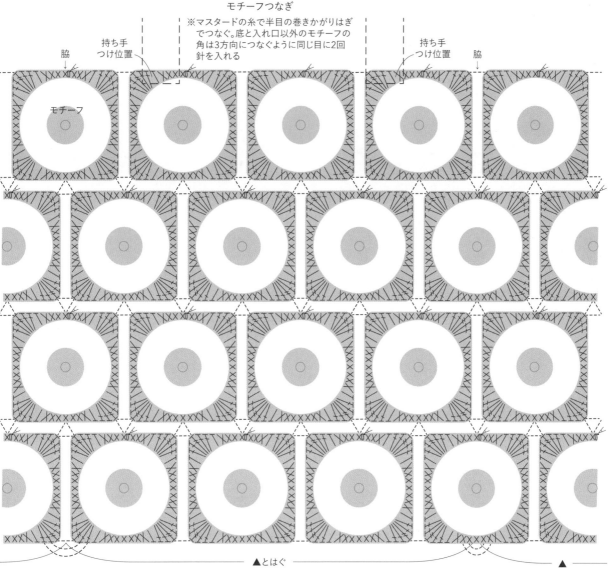

脇　　持ち手
　　　つけ位置　　　　　　　　　　　　　　　　　　　持ち手　　脇
　　　　　　　　　　　　　　　　　　　　　　　　　　　つけ位置

▲とはぐ　　　　　　　　　　　▲

モチーフ
28枚

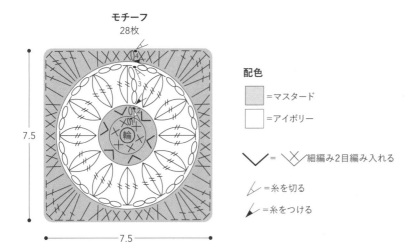

7.5

7.5

配色

■ =マスタード

□ =アイボリー

∨ = ⋋⋌細編み2目編み入れる

⟋ =糸を切る

⟋ =糸をつける

J 透し模様のハット／photo p.15

[用意するもの]

糸　ハマナカ エコアンダリヤ（40g玉巻き）
　　ダークブラウン（159）130g

針　5/0号かぎ針

その他　ハマナカ テクノロート（H204-593）　130cm
　　　　ハマナカ 熱収縮チューブ（H204-605）　5cm

[ゲージ]　模様編みA　20目12段が10cm四方
　　　　　模様編みB　20目9段が10cm四方

[サイズ]　頭回り60cm　深さ17.5cm

[編み方]

糸は1本どりで編みます。

トップは輪の作り目をし、模様編みAで増しながら編みます。サイドは模様編みAで増しながら編みます。ブリムは模様編みBで増しながら編みます。最終段に細編みでテクノロートを編みくるみます（p.37参照）。

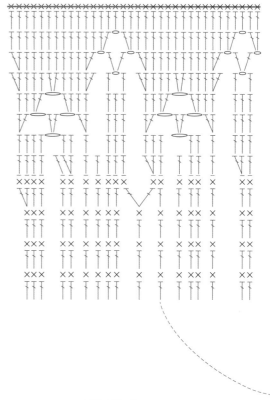

目数と増し方

	段数	目数	増し方
ブリム	8、9	238目	増減なし
	7	238目	14目増す
	6	224目	14目増す
	5	210目	42目増す
	4	168目	14目増す
	3	154目	14目増す
	2	140目	増減なし
	1	140目	20目増す
サイド	8	120目	増減なし
	7	120目	12目増す
	1〜6	108目	増減なし
トップ	13	108目	増減なし
	12	108目	12目増す
	11	96目	増減なし
	10	96目	12目増す
	9	84目	増減なし
	8	84目	12目増す
	7	72目	増減なし
	6	72目	24目増す
	5	48目	増減なし
	4	48目	24目増す
	3	24目	増減なし
	2	24目	16目増す
	1	8目編み入れる	

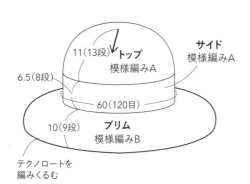

11（13段）　トップ　模様編みA

6.5（8段）

サイド　模様編みA

60（120目）

10（9段）

ブリム　模様編みB

テクノロートを編みくるむ

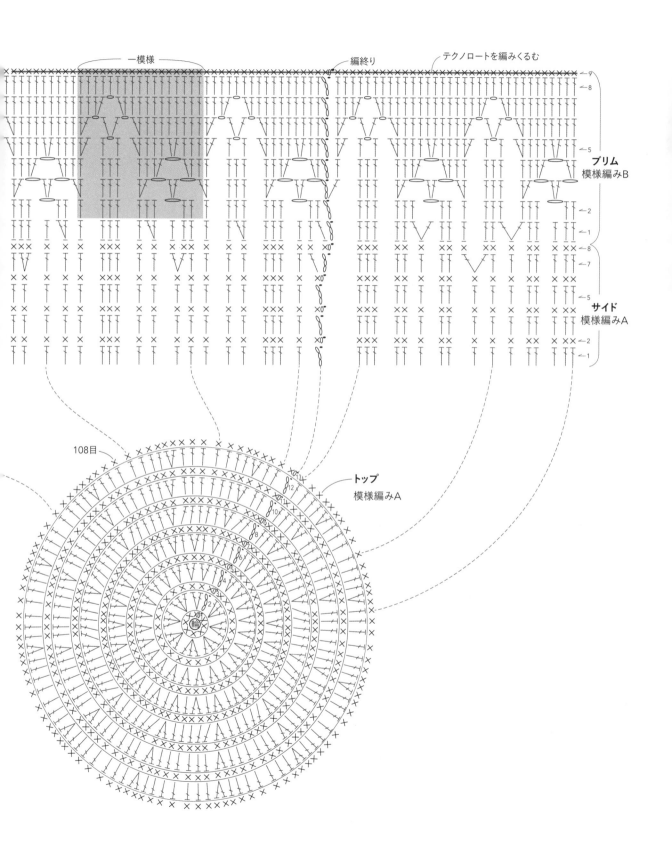

一模様　　　　　　　　　　　　　編終り　　テクノロートを編みくるむ

←9
←8

←5

ブリム
模様編みB

←2
←1

←8
←7

←5
サイド
模様編みA

←2
←1

108目

トップ
模様編みA

K 六角形モチーフのハンドバッグ／photo p.17

[用意するもの]

糸　ハマナカ エコアンダリヤ（40g玉巻き）
　　ベージュ（23）115g、ブラック（30）50g

針　6/0号かぎ針

その他　チャームハンドル（黒）（H210-011）1組み

[ゲージ]　モチーフ（六角形）図参照
　　　　モチーフ（四角形）7×7cm

[サイズ]　幅約45cm　深さ約22cm

[編み方]

糸は1本どりで、指定の配色で編みます。
モチーフは鎖5目の輪の作り目をし、記号図のように編み、六角形のモチーフを13枚、四角形のモチーフを2枚編みます。モチーフを巻きかがりはぎ（半目）で袋状につなぎ、側面を作ります。入れ口は糸をつけて模様編みで増減しながら編み、糸端を60cm残して切ります。もう一方も糸をつけて同様に編み、糸端を60cm残して切ります。入れ口でハンドルをくるみ、巻きかがりでとじます。

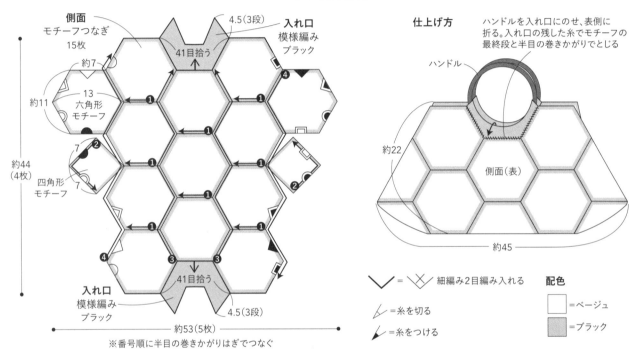

※番号順に半目の巻きかがりはぎでつなぐ

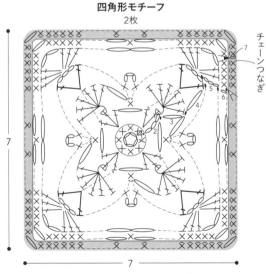

仕上げ方

ハンドルを入れ口にのせ、表側に折る。入れ口の残した糸でモチーフの最終段と半目の巻きかがりでとじる

= ↘↙ ＝ 細編み2目編み入れる

↙ ＝糸を切る

↙ ＝糸をつける

配色
□ ＝ベージュ
▨ ＝ブラック

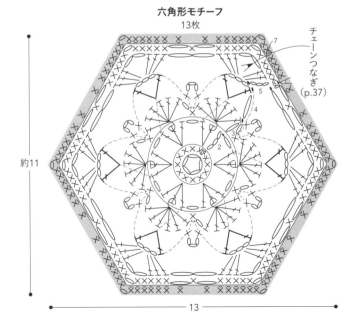

六角形モチーフ
13枚

チェーンつなぎ
（p.37）

四角形モチーフ
2枚

チェーンつなぎ

※4段めの長編みは前々段の長編みに編み入れる。
　6段めは編み方向が変わるので注意して編む

58

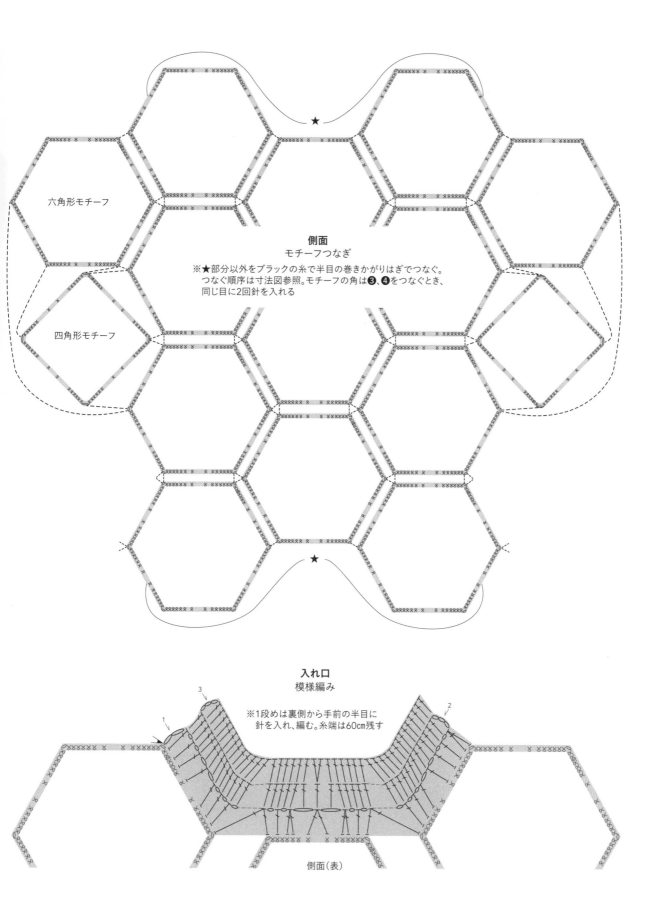

六角形モチーフ

四角形モチーフ

側面
モチーフつなぎ
※★部分以外をブラックの糸で半目の巻きかがりはぎでつなぐ。
つなぐ順序は寸法図参照。モチーフの角は❸、❹をつなぐとき、
同じ目に2回針を入れる

入れ口
模様編み

※1段めは裏側から手前の半目に
針を入れ、編む。糸端は60cm残す

3

1

2

側面(表)

L 方眼編みのスクエアトートバッグ／photo p.18

[用意するもの]
糸　ハマナカ エコアンダリヤ（40g玉巻き）
　　ライムイエロー（19）210g
針　6/0号かぎ針
[ゲージ]　細編み　21目19段が10cm四方
　　　　　模様編み　21目9段が10cm四方
[サイズ]　幅36cm　深さ36cm　まち4.5cm

[編み方]
糸は1本どりで編みます。
底は鎖73目を作り目し、細編みで編みます。側面は模様編みで、入れ口を細編みで編みます。底の作り目から目を拾い、反対側の側面を模様編み、入れ口を細編みで編みます。まちは鎖9目を作り目し、長編みと細編みで編みます。側面、底をまちと重ね、細編みと鎖編みでつなぎます。持ち手は鎖3目を作り目し、細編みで編みます。持ち手を入れ口にとじつけます。

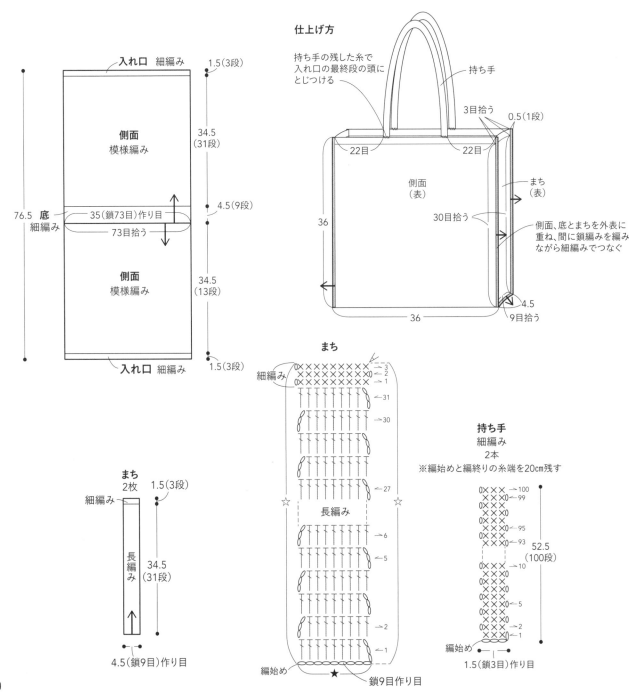

仕上げ方

持ち手の残した糸で入れ口の最終段の頭にとじつける

持ち手

3目拾う

0.5（1段）

22目　　22目

側面（表）

30目拾う

側面、底とまちを外表に重ね、間に鎖編みを編みながら細編みでつなぐ

まち（表）

36

9目拾う　4.5

36

入れ口 細編み

1.5（3段）

側面
模様編み

34.5（31段）

35（鎖73目）作り目　4.5（9段）

73目拾う

底 細編み　76.5

側面
模様編み

34.5（13段）

入れ口 細編み

1.5（3段）

まち
2枚

細編み

1.5（3段）

長編み　34.5（31段）

4.5（鎖9目）作り目

まち

細編み

長編み

編始め　★　鎖9目作り目

→3
→2
→1
←31
→30

←27

→6
←5

→2
←1

持ち手
細編み
2本
※編始めと編終りの糸端を20cm残す

→100
←99

←95
←93

←10

←5

←1

編始め

1.5（鎖3目）作り目　52.5（100段）

60

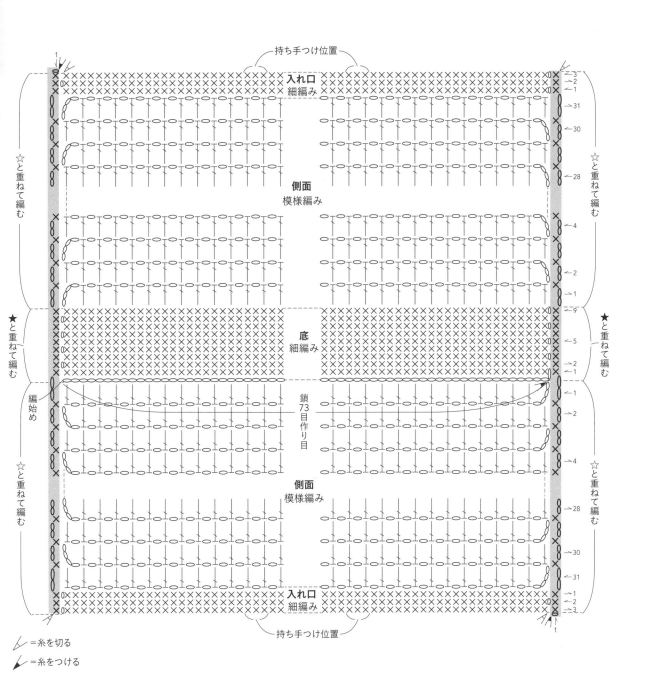

持ち手つけ位置

入れ口
細編み

側面
模様編み

☆と重ねて編む

☆と重ねて編む

★と重ねて編む

★と重ねて編む

編始め

底
細編み

鎖73目作り目

側面
模様編み

入れ口
細編み

持ち手つけ位置

☆と重ねて編む

☆と重ねて編む

⊿ =糸を切る

⊿ =糸をつける

M バンブーハンドルのバッグ／ photo p.19

[用意するもの]
糸　ハマナカ エコアンダリヤ（40g玉巻き）
　　グリーン（17）130g
針　5/0号、6/0号かぎ針
その他　竹型ハンドル D 型（中）（H210-632-1）1組み
[ゲージ]　細編み　21目24段が10cm四方
　　　　　模様編みＡ　1模様が5.7cm　8段（1模様）が9cm
[サイズ]　入れ口幅21cm　底幅34.5cm　深さ31.5cm
[編み方]
糸は1本どりで、指定の針の号数で編みます。
底は5/0号針で鎖59目を作り目し、細編みで増しながら輪に編
みます。側面は細編みで増減なく編み、6/0号針に替えて模様
編みＡと模様編みＢを編みますが、模様編みＢの3段めから往
復して編んで左右に分けます。続けて入れ口を模様編みＣと長
編みで往復して編み、糸端を30cm残して切ります。もう一方の
入れ口も糸をつけて同様に編み、糸端を30cm残して切ります。
入れ口でハンドルをくるみ、巻きかがりにします。

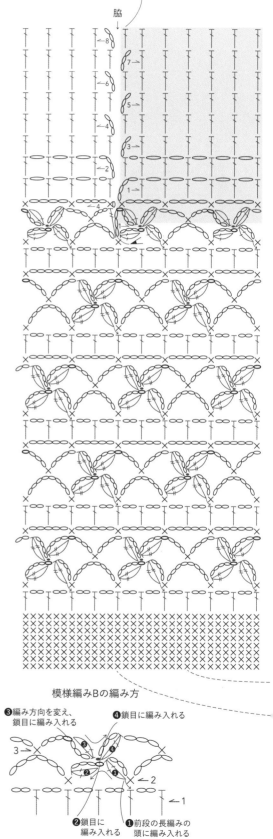

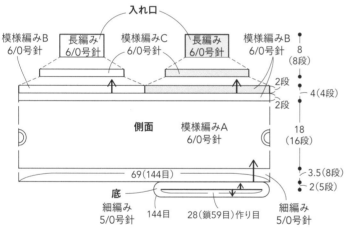

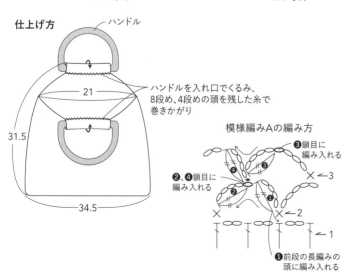

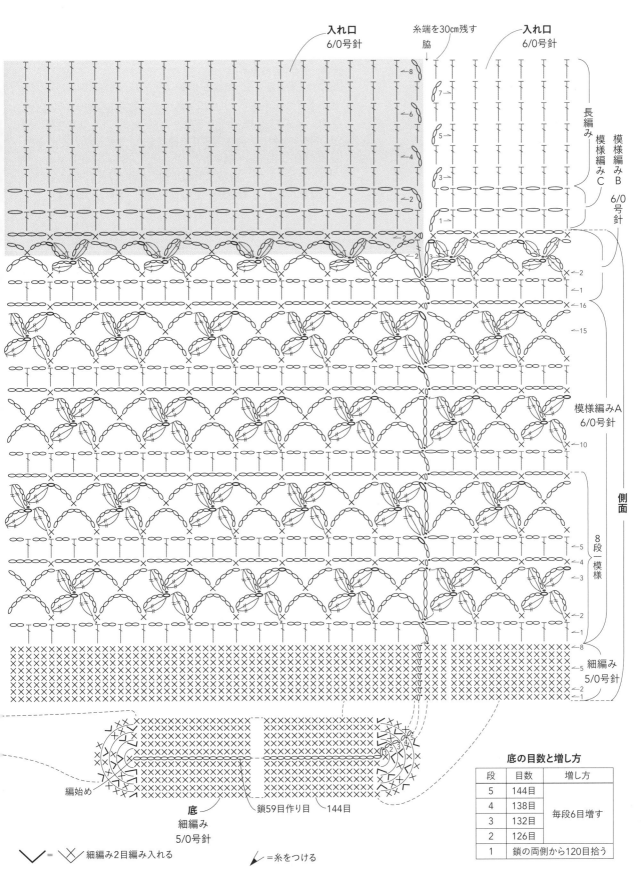

入れ口
6/0号針

糸端を30cm残す
脇

入れ口
6/0号針

←8
←6
←4
←2

7→
5→
3→
1→

長編み
模様編みC
模様編みB
6/0号針

←2
←2
←1
3→

←16
←15

模様編みA
6/0号針

←10

8段一模様

←5
←4
3→
←2
←1

側面

←8
←2
←1

細編み
5/0号針

編始め

底
細編み
5/0号針

鎖59目作り目

144目

底の目数と増し方

段	目数	増し方
5	144目	
4	138目	毎段6目増す
3	132目	
2	126目	
1	鎖の両側から120目拾う	

∨ = ∨ 細編み2目編み入れる　　　↙ =糸をつける

N 巾着ショルダーバッグ／photo p.20

[用意するもの]
糸　ハマナカ エコアンダリヤ（40g玉巻き）
　　ブラウン（15）160g
針　5/0号かぎ針
[ゲージ]　細編み　16目18段が10cm四方
　　　　　模様編み　16目8段が10cm四方
[サイズ]　底直径17cm　深さ23.5cm

[編み方]
糸は1本どりで編みます。
底は輪の作り目をし、細編みで増しながら編みます。側面は細編みと模様編みAで、入れ口は細編みで増減なく編みます。入れ口は途中でひも通し穴を編みます。ショルダーひもは鎖150目を作り目し、模様編みBで編みます。ひもどめは鎖6目を作り目し、細編みで編みます。ひもはえび編み（p.48）で編みます。ショルダーひもを入れ口裏側にとじつけます。ひも通し穴にひもを通し、端を結びます。ひもにひもどめをつけます。

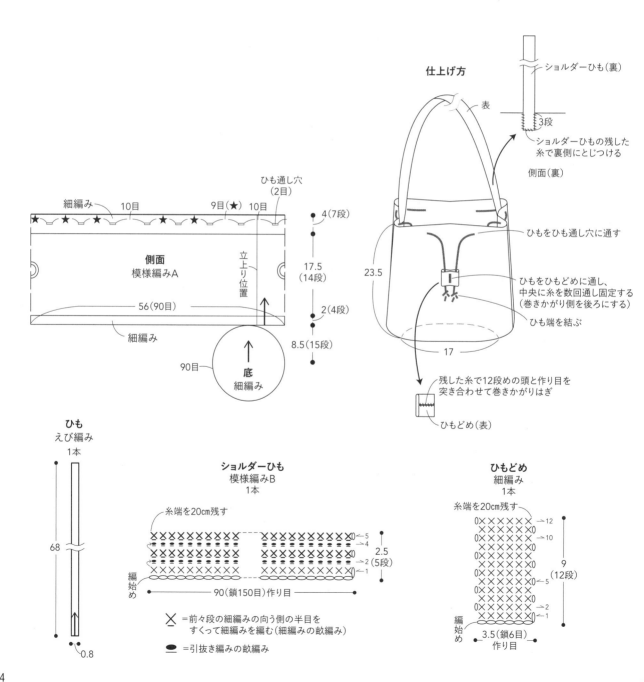

仕上げ方

ショルダーひも（裏）

表

3段
ショルダーひもの残した
糸で裏側にとじつける

側面（裏）

ひもをひも通し穴に通す

ひもをひもどめに通し、
中央に糸を数回通し固定する
（巻きかがり側を後ろにする）

ひも端を結ぶ

23.5

17

残した糸で12段めの頭と作り目を
突き合わせて巻きかがりはぎ

ひもどめ（表）

ひも通し穴
（2目）

細編み　10目　9目（★）　10目

側面
模様編みA

立上り位置

56（90目）

細編み

90目

底
細編み

4（7段）

17.5
（14段）

2（4段）

8.5（15段）

ひも
えび編み
1本

68

0.8

ショルダーひも
模様編みB
1本

糸端を20cm残す

編始め

90（鎖150目）作り目

2.5
（5段）

→5
→4
→2
←1

X ＝前々段の細編みの向う側の半目を
　すくって細編みを編む（細編みの畝編み）

● ＝引抜き編みの畝編み

ひもどめ
細編み
1本

糸端を20cm残す

編始め

3.5（鎖6目）
作り目

→12
→10
←5
→2
←1

9
（12段）

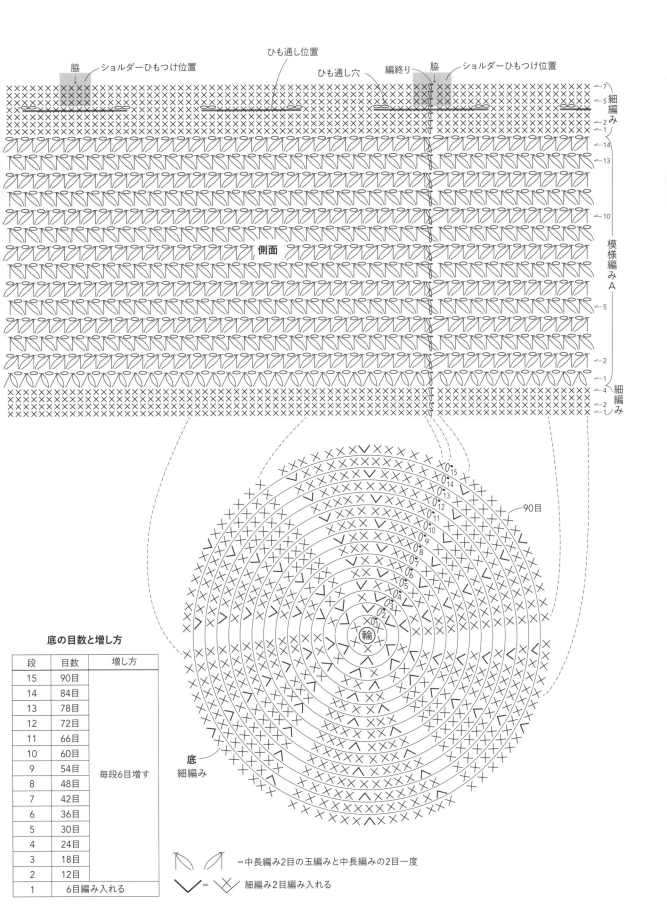

脇　ショルダーひもつけ位置　　　　　　　ひも通し位置　　　　ひも通し穴　編終り　脇　ショルダーひもつけ位置

側面

模様編みA

細編み

細編み

底
細編み

90目

底の目数と増し方

段	目数	増し方
15	90目	
14	84目	
13	78目	
12	72目	
11	66目	
10	60目	
9	54目	毎段6目増す
8	48目	
7	42目	
6	36目	
5	30目	
4	24目	
3	18目	
2	12目	
1	6目編み入れる	

＝中長編み2目の玉編みと中長編みの2目一度

＝細編み2目編み入れる

O 縁飾りつきのハット ／ photo p.21

[用意するもの]

糸　ハマナカ エコアンダリヤ（40g玉巻き）
　　ベージュ（23）125g

針　6/0号かぎ針

[ゲージ]　細編み　19目20段が10cm四方
[サイズ]　頭回り55cm　深さ17cm

[編み方]

糸は1本どりで編みます。

トップは輪の作り目をし、細編みで増しながら編みます。サイドは増減なく編み、途中でひも通し穴のピコットを4か所編みます。ブリムは増しながら編み、最後に縁編みを編みます。ひもはスレッドコードで編みます。ひも通し穴にひもを通し、後ろ側で結びます。

目数と増し方

	段数	目数	増し方
ブリム	13	184目	2目増す
	12	182目	13目増す
	11	169目	増減なし
	10	169目	13目増す
	9	156目	増減なし
	8	156目	13目増す
	7	143目	増減なし
	6	143目	13目増す
	5	130目	増減なし
	4	130目	13目増す
	3	117目	増減なし
	2	117目	13目増す
	1	104目	増減なし
サイド	1~12	104目	増減なし
トップ	22	104目	8目増す
	20、21	96目	増減なし
	19	96目	8目増す
	18、17	88目	増減なし
	16	88目	8目増す
	15	80目	増減なし
	14	80目	8目増す
	13	72目	増減なし
	12	72目	8目増す
	11	64目	増減なし
	10	64目	毎段8目増す
	9	56目	
	8	48目	増減なし
	7	48目	毎段8目増す
	6	40目	
	5	32目	増減なし
	4	32目	毎段8目増す
	3	24目	
	2	16目	
	1	8目編み入れる	

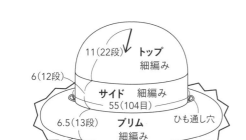

11（22段）　**トップ** 細編み

6（12段）

サイド 細編み
55（104目）

6.5（13段）　**ブリム** 細編み

ひも通し穴

2.5（2段）

前側

縁編み

ひも
スレッドコード
1本

120（220目）

スレッドコード

1　2　3　4

糸端は出来上り寸法の3倍残し、鎖を1目編む。残した糸端を手前から向う側にかけ、もう一方の糸を針にかけて引き抜く。2を繰り返す

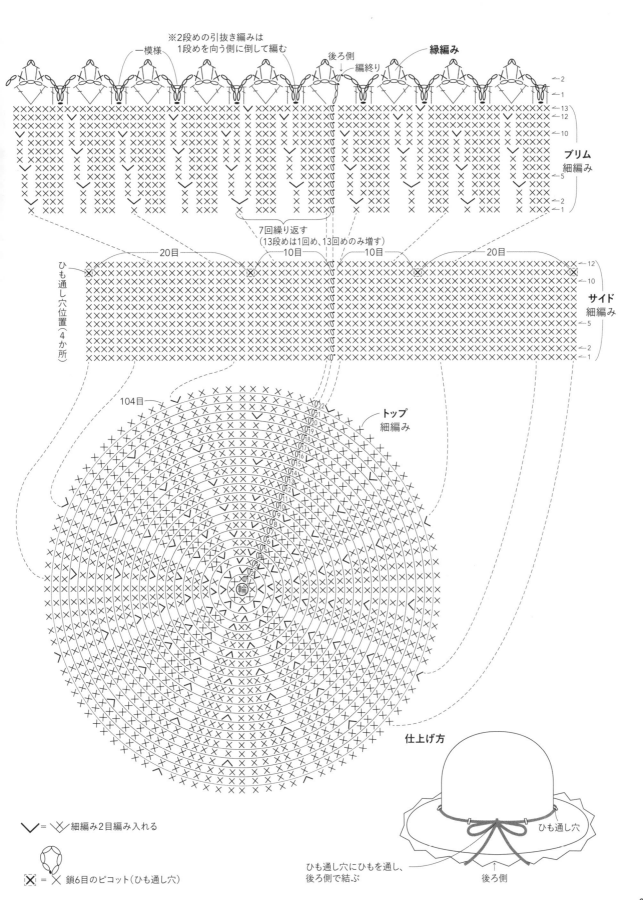

※2段めの引抜き編みは
1段めを向う側に倒して編む

一模様

縁編み

後ろ側

編終り

編終り

←2
←1

←13
←12
←10

ブリム
細編み

←5

←2
←1

7回繰り返す
（13段めは1回め、13回めのみ増す）

ひも通し穴位置（4か所）

20目
10目
10目
20目

←12
←10

サイド
細編み

←5

←2
←1

104目

トップ
細編み

輪

仕上げ方

ひも通し穴

後ろ側

ひも通し穴にひもを通し、
後ろ側で結ぶ

V = 細編み2目編み入れる

X = 鎖6目のピコット（ひも通し穴）

P リボンショルダーバッグ／ photo p.22

［用意するもの］

糸　ハマナカ エコアンダリヤ（40g玉巻き）
　　ベージュ（23）155g、カーキ（61）155g

針　5/0号かぎ針

［ゲージ］　細編み　19目が10cm　7段が4cm
　　　　　模様編み　2模様が9.5cm　10段（5模
　　　　　様）が10cm

［サイズ］　幅33cm　深さ35.5cm

［編み方］

糸は1本どりで編みます。

底は鎖35目を作り目し、細編みで輪に編み、糸を
切ります。側面は糸をつけて模様編みで往復して
輪に編みます。肩ひもは模様編みで往復して編み、
糸を切ります。もう一方の肩ひもも糸をつけて同様
に編みます。入れ口に糸をつけ、縁編みを編みま
す。肩ひもを結びます。

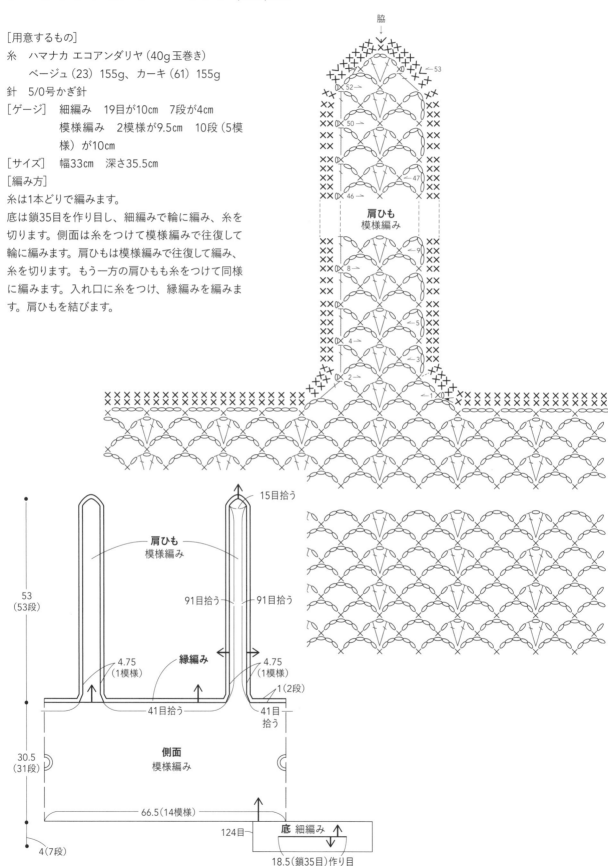

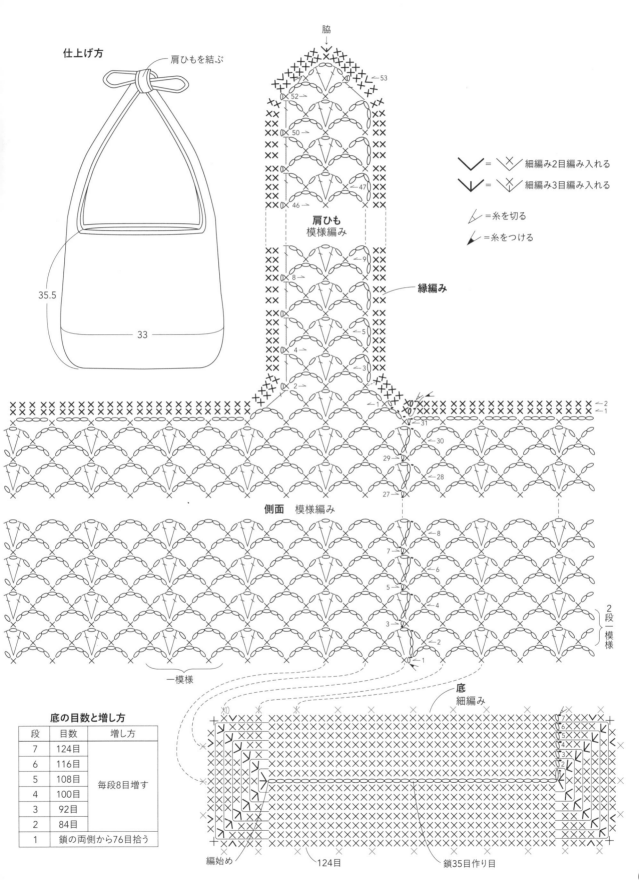

仕上げ方

肩ひもを結ぶ

35.5

33

脇

53
52
50
47
46

肩ひも
模様編み

縁編み

9
8
5
4
3
2
1

31
30
29
28
27

側面 模様編み

8
7
6
5
4
3
2
1

2段一模様

一模様

一模様

底
細編み

7
6
5
4
3
2

	=	細編み2目編み入れる
	=	細編み3目編み入れる
	=	糸を切る
	=	糸をつける

底の目数と増し方

段	目数	増し方
7	124目	
6	116目	
5	108目	毎段8目増す
4	100目	
3	92目	
2	84目	
1	鎖の両側から76目拾う	

編始め

124目

鎖35目作り目

Q ふっくらワンマイルバッグ／photo p.23

[用意するもの]

糸　ハマナカ エコアンダリヤ（40g玉巻き）
　　ベージュ（23）200g

針　10/0号かぎ針

[ゲージ]　細編み　10目11段が10cm四方
　　　　　中長編み　10目8段が10cm四方
　　　　　模様編み　10目が10cm　5段が8cm

[サイズ]　入れ口幅31cm　深さ24.5cm

[編み方]

糸は2本どりで編みます。
底は鎖20目を作り目し、細編みで編みます。側面は中長編み
と模様編みで増減なく編み、最後に引抜き編みを編みます。
側面の両端を内側にたたみ、入れ口を巻きかがりはぎにします。
持ち手は鎖30目を作り目し、細編みで編みます。上下を合わ
せて引抜き編みでとじ、持ち手を側面の裏側にとじつけます。

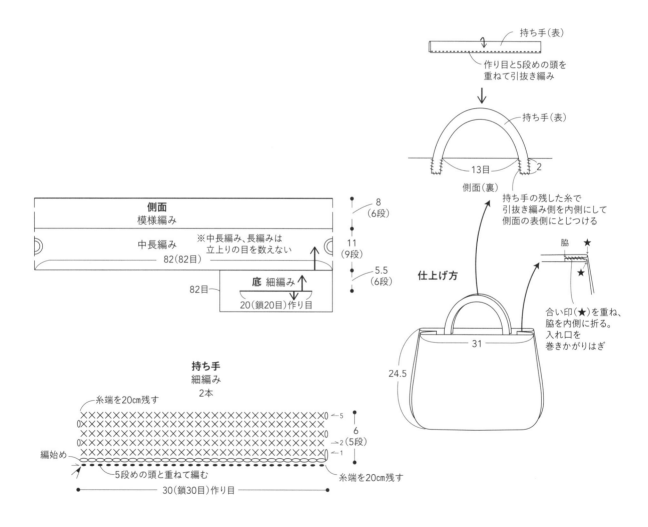

側面
模様編み

中長編み　※中長編み、長編みは
立上りの目を数えない

82（82目）

82目

底　細編み↑
20（鎖20目）作り目

8
（6段）

11
（9段）

5.5
（6段）

持ち手
細編み
2本

糸端を20cm残す

編始め

5段めの頭と重ねて編む

30（鎖30目）作り目

←5

6
→2（5段）

←1

糸端を20cm残す

持ち手（表）

作り目と5段めの頭を
重ねて引抜き編み

持ち手（表）

13目　　2

側面（裏）

持ち手の残した糸で
引抜き編み側を内側にして
側面の表側にとじつける

仕上げ方

脇　★

★

合い印（★）を重ね、
脇を内側に折る。入れ口を
巻きかがりはぎ

31

24.5

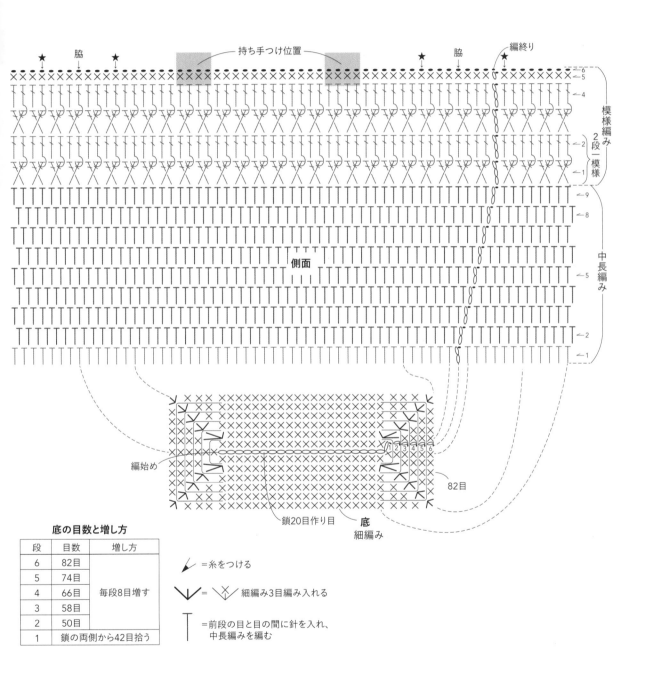

持ち手つけ位置

脇　★　　　★　脇　編終り

模様編み
2段一模様

中長編み

側面

編始め

鎖20目作り目
底
細編み

82目

底の目数と増し方

段	目数	増し方
6	82目	
5	74目	
4	66目	毎段8目増す
3	58目	
2	50目	
1	鎖の両側から42目拾う	

= 糸をつける

= 細編み3目編み入れる

= 前段の目と目の間に針を入れ、
中長編みを編む

R 幾何学模様のマルシェバッグ／photo p.24

[用意するもの]

糸　ハマナカ エコアンダリヤ（40g玉巻き）
　　ベージュ（23）70g、ブラック（30）60g

針　4/0号かぎ針

[ゲージ]　細編みの筋編みの縞模様
　　　　　20目20段が10cm四方
　　　　　細編みの筋編みの編込み模様
　　　　　20目15段が10cm四方

[サイズ]　入れ口幅30cm　底直径22cm　深さ15.5cm

[編み方]

糸は1本どりで、指定の配色で編みます。
底は輪の作り目をし、細編みの筋編みの縞模様で
増しながら編みます。側面は細編みの筋編みの編
込み模様、細編みの筋編みの縞模様で増減なく編
みます。持ち手は鎖57目を作り目して細編みを編
み、最後に引抜き編みを編みます。持ち手を側面
の裏側にとじつけます。

脇　　　　　持ち手つけ位置

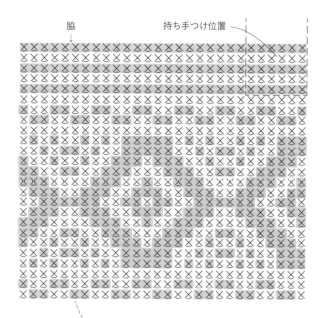

底の目数と増し方

段数	目数	増し方
20〜22	120目	増減なし
19	120目	8目増す
15〜18	112目	増減なし
14	112目	
13	104目	
12	96目	
11	88目	
10	80目	
9	72目	毎段8目増す
8	64目	
7	56目	
6	48目	
5	40目	
4	32目	
3	24目	
2	16目	
1	8目編み入れる	

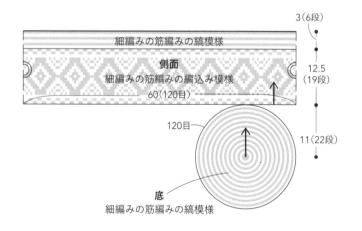

細編みの筋編みの縞模様

3（6段）

側面
細編みの筋編みの編込み模様
60（120目）

12.5（19段）

120目

11（22段）

底
細編みの筋編みの縞模様

仕上げ方

30

15.5

22

持ち手（裏）

14目　5段

側面（裏）

持ち手を裏側に
とじつける

持ち手
細編み
2本

※ベージュの糸で細編みを3段往復して編む。
ブラックの糸をつけ、2、1段めの目の頭に
引抜き編みを編む。左右は糸を矢印のよう
に渡し上下に細編みを各1段編む

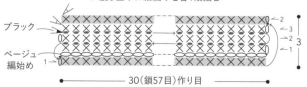

ブラック

ベージュ
編始め

30（鎖57目）作り目

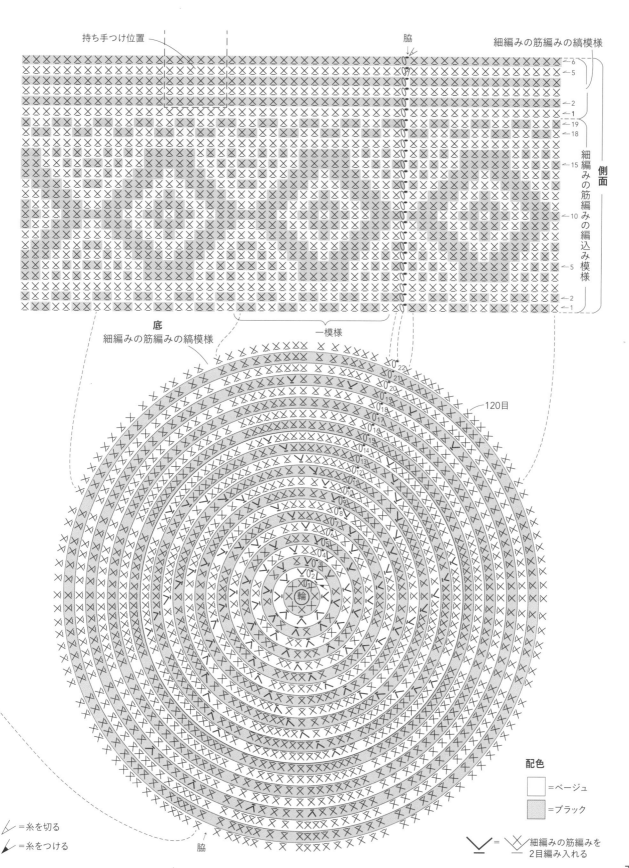

持ち手つけ位置

脇

細編みの筋編みの縞模様

←6
←5
←2
←1
←19
←18
←15
←10
←5
←2
←1

側面

細編みの筋編みの編込み模様

細編みの筋編みの縞模様

底

一模様

120目

配色

□ =ベージュ

▨ =ブラック

↙ =糸を切る

↙ =糸をつける

脇

∨ = ∨ 細編みの筋編みを
2目編み入れる

S ライン入りハット／ photo p.25

[用意するもの]

糸　ハマナカ エコアンダリヤ（40g玉巻き）

　　ベージュ（23）125g、ブラック（30）15g

針　6/0号かぎ針

[ゲージ]　細編み　19目22段が10cm四方

[サイズ]　頭回り57cm　深さ18cm

[編み方]

糸は1本どりで、指定の配色で編みます。

トップは輪の作り目をし、細編みで増しながら編みます。サイドは増しながら編み、続けて模様編みで増減なく編みます。ブリムは細編みで増しながら編み、最後は引抜き編みを編みます。

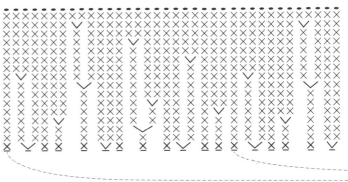

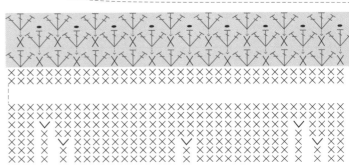

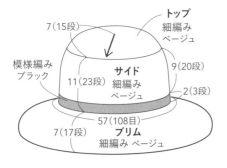

目数と増し方

	段数	目数	増し方
ブリム	16、17	216目	増減なし
	15	216目	9目増す
	14	207目	増減なし
	13	207目	9目増す
	12	198目	増減なし
	11	198目	9目増す
	10	189目	増減なし
	9	189目	毎段9目増す
	8	180目	
	7	171目	増減なし
	6	171目	
	5	162目	毎段9目増す
	4	153目	
	3	144目	
	2	135目	増減なし
	1	135目	27目増す
サイド	6〜23	108目	増減なし
	5	108目	4目増す
	4	104目	増減なし
	3	104目	8目増す
	1、2	96目	増減なし
トップ	15	96目	毎段8目増す
	14	88目	
	13	80目	増減なし
	12	80目	
	11	72目	毎段8目増す
	10	64目	
	9	56目	増減なし
	8	56目	
	7	48目	毎段8目増す
	6	40目	
	5	32目	増減なし
	4	32目	
	3	24目	毎段8目増す
	2	16目	
	1	8目編み入れる	

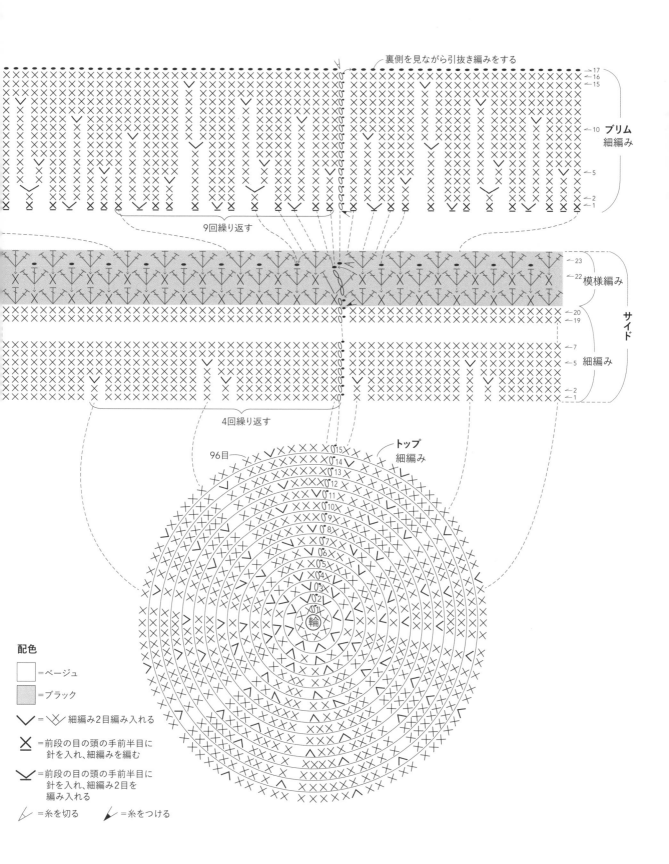

裏側を見ながら引抜き編みをする

→17
←16
←15

←10 **ブリム**
細編み

←5

←2
←1

9回繰り返す

←23
←22 模様編み
←20
←19

サイド

←7 細編み
←5

←2
←1

4回繰り返す

96目

トップ
細編み

○15
○14
○13
○12
○11
○10
○9
○8
○7
○6
○5
○4
○3
○2
○1
輪

配色

□ =ベージュ

▨ =ブラック

⋁ = ✕ 細編み2目編み入れる

✕ =前段の目の頭の手前半目に
　針を入れ、細編みを編む

⋁ =前段の目の頭の手前半目に
　針を入れ、細編み2目を
　編み入れる

↗ =糸を切る　　↘ =糸をつける

T　透し模様のバケットハット／photo p.26

[用意するもの]

糸　ハマナカ エコアンダリヤ《クロッシェ》（30g
　　玉巻き）ベージュ（803）60g

針　4/0号かぎ針

[ゲージ]　長編み　26目11段が10cm四方
　　　　　模様編みA　26目11段が10cm四方
　　　　　模様編みB　26目16段が10cm四方

[サイズ]　頭回り56cm　深さ17.5cm

[編み方]

糸は1本どりで編みます。

トップは輪の作り目をし、長編みで増しながら編み
ます。サイドは長編みで増しながら編み、続けて
模様編みAで増減なく編みます。ブリムは模様編
みBと細編みで増しながら編みます。最後は引抜き
編みで編みます。

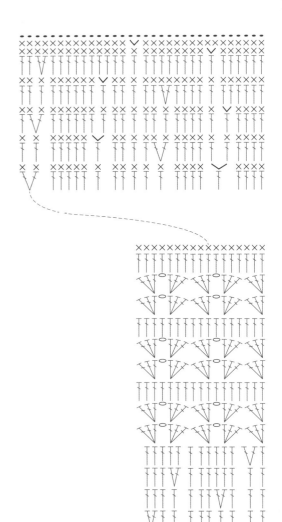

目数と増し方

	段数	目数	増し方
ブリム	12	224目	増減なし
	11	224目	
	10	217目	毎段7目増す
	9	210目	
	8	203目	
	7	196目	
	6	189目	
	5	182目	
	4	175目	
	3	168目	
	2	161目	
	1	154目	
サイド	6～14	147目	増減なし
	5	147目	21目増す
	4	126目	毎段9目増す
	3	117目	
	2	108目	
	1	99目	
トップ	6	90目	毎段15目増す
	5	75目	
	4	60目	
	3	45目	
	2	30目	
	1	15目編み入れる	

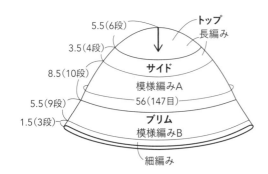

トップ
長編み

5.5（6段）

3.5（4段）

8.5（10段）

サイド
模様編みA

56（147目）

5.5（9段）

1.5（3段）

ブリム
模様編みB

細編み

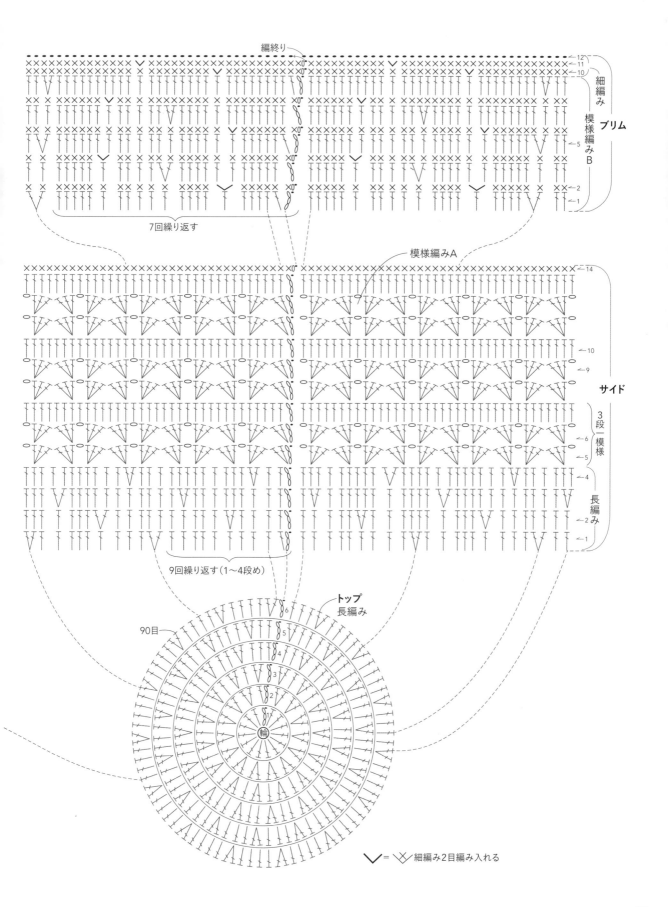

編終り

←12
←11
←10

細編み

模様編み
B

ブリム

←5

←2
←1

7回繰り返す

模様編みA

←14

←10

←9

サイド

3段一模様

←6
←5

←4

長編み

←2
←1

9回繰り返す(1〜4段め)

トップ
長編み

90目

輪

✓ = 細編み2目編み入れる

U シェル模様の巾着バッグ／photo p.27

[用意するもの]
糸　ハマナカ エコアンダリヤ（40g玉巻き）
　　ピンク（71）125g
針　6/0号かぎ針
[ゲージ]　模様編み
　　　　　1模様が8cm、4段（1模様）が4.5cm
[サイズ]　幅34cm　深さ32cm

[編み方]
糸は1本どりで編みます。
本体は鎖65目を作り目し、模様編みで編みます。同じものを2枚編みます。本体2枚を外表に重ね、細編みと鎖編みでつなぎます。持ち手は鎖4目を作り目し、長編みで編みます。持ち手を本体入れ口の裏側にとじつけます。ひもは鎖編みで編み、本体入れ口に通し、端を結びます。

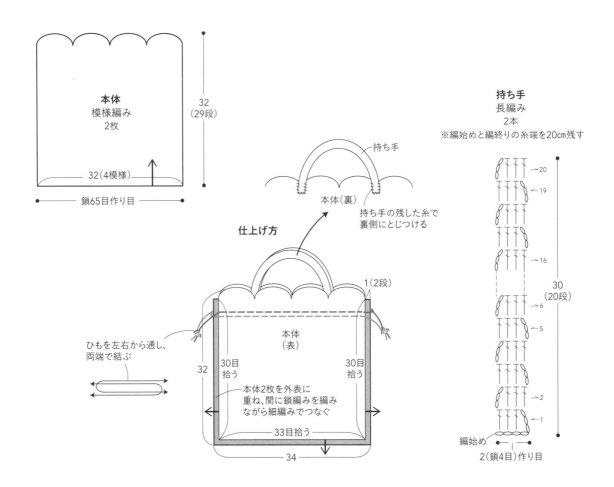

本体
模様編み
2枚

32（29段）

32（4模様）

鎖65目作り目

持ち手
長編み
2本
※編始めと編終りの糸端を20cm残す

30（20段）

→20
→19
→16
→6
→5
→2
→1

編始め
2（鎖4目）作り目

持ち手

本体（裏）

持ち手の残した糸で
裏側にとじつける

仕上げ方

本体（表）

1（2段）

30目拾う　　30目拾う

32

ひもを左右から通し、
両端で結ぶ

本体2枚を外表に
重ね、間に鎖編みを編み
ながら細編みでつなぐ

33目拾う

34

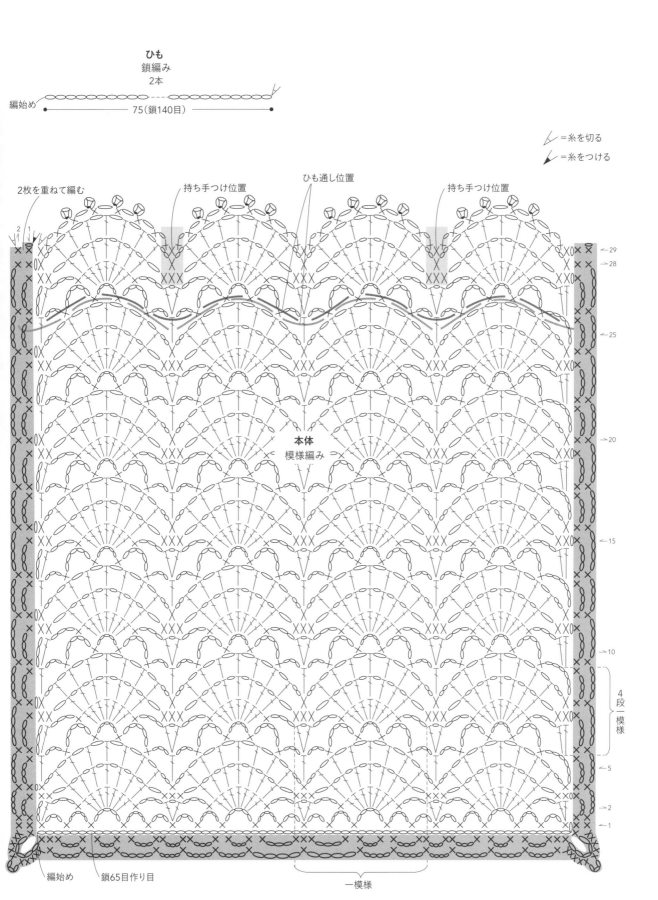

ひも
鎖編み
2本

編始め ●━━━ 75(鎖140目) ━━━

↗ =糸を切る

↙ =糸をつける

2枚を重ねて編む

持ち手つけ位置

ひも通し位置

持ち手つけ位置

本体
模様編み

→29
→28

→25

→20

→15

→10

4
段
一
模
様

←5

←2

←1

編始め

鎖65目作り目

一模様

V シロツメクサのマルシェバッグ／photo p.28

[用意するもの]

糸　ハマナカ エコアンダリヤ（40g玉巻き）

　　ベージュ（23）140g、オリーブ（61）25g、オフホワイト（168）

　　20g

針　5/0号かぎ針

[ゲージ]　細編みの筋編み、細編みの筋編みの編込み模様

　　　　　23目17.5段が10cm四方

[サイズ]　入れ口幅31.5cm　底直径20cm　深さ20cm

[編み方]

糸は1本どりで、指定の配色で編みます。

底は輪の作り目をし、細編みの筋編みで増しながら編みます。

側面は細編みの筋編み、細編みの筋編みの編込み模様で配色

糸を編みくるみながら増減なく編みます。最後に縁編みを編み

ます。持ち手は鎖3目を作り目し、細編みを編みます。続けて

回りを縁編みで編みます。持ち手を側面の裏側にとじつけます。

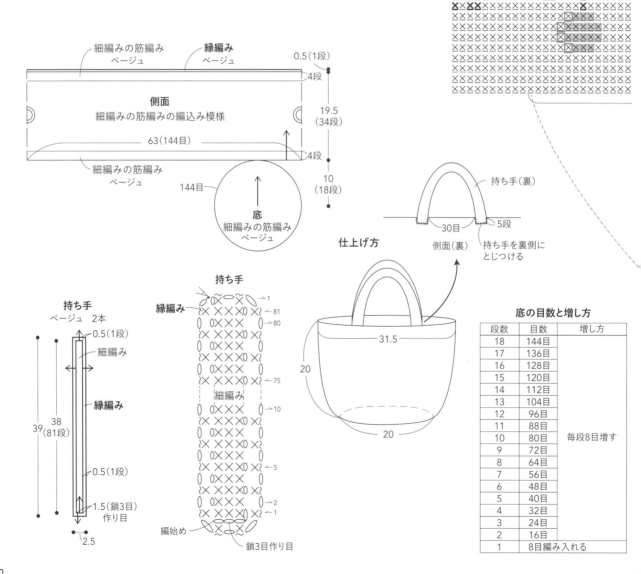

脇

細編みの筋編み　縁編み
ベージュ　　　　ベージュ

0.5（1段）
4段

側面
細編みの筋編みの編込み模様

63（144目）　　19.5（34段）

細編みの筋編み
ベージュ
4段

144目　　10（18段）

底
細編みの筋編み
ベージュ

持ち手（裏）

30目　　5段

側面（裏）

持ち手を裏側に
とじつける

仕上げ方

31.5

20

20

持ち手
ベージュ　2本

0.5（1段）
細編み

縁編み

39　38（81段）

縁編み

0.5（1段）

1.5（鎖3目）
作り目

2.5

持ち手

縁編み

←1
←81
←80

←75

細編み

←10

←5

←2
←1

編始め

鎖3目作り目

底の目数と増し方

段数	目数	増し方
18	144目	
17	136目	
16	128目	
15	120目	
14	112目	
13	104目	
12	96目	
11	88目	
10	80目	毎段8目増す
9	72目	
8	64目	
7	56目	
6	48目	
5	40目	
4	32目	
3	24目	
2	16目	
1	8目編み入れる	

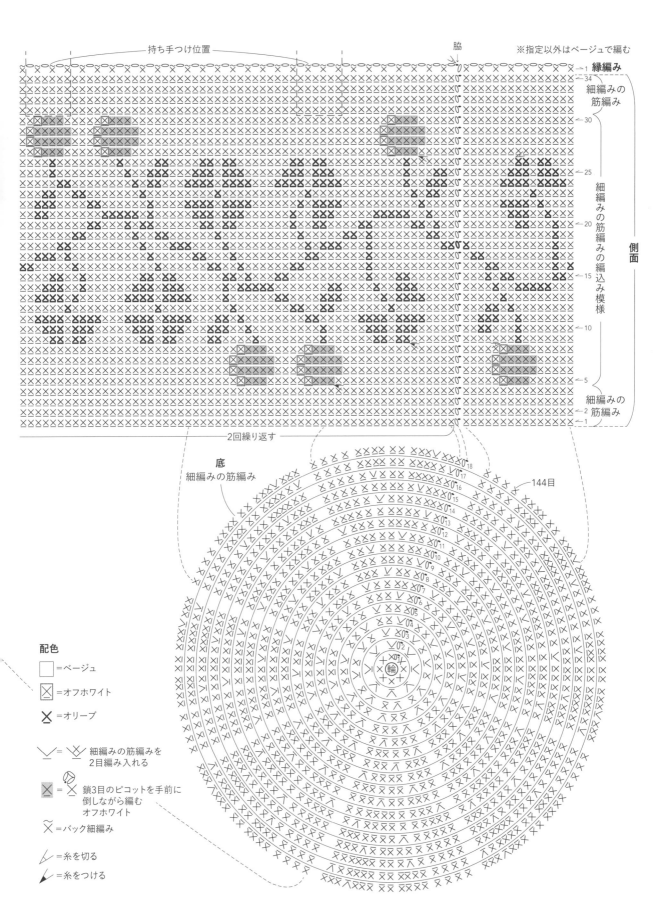

持ち手つけ位置　　　　　　　　　　　　脇　　※指定以外はベージュで編む

縁編み

細編みの
筋編み

細編みの筋編みの編込み模様

側面

細編みの
筋編み

2回繰り返す

底
細編みの筋編み

144目

配色

□ =ベージュ

⊠ =オフホワイト

╳ =オリーブ

∨ = 細編みの筋編みを
2目編み入れる

⊠ = 鎖3目のピコットを手前に
倒しながら編む
オフホワイト

〜 =バック細編み

╱ =糸を切る

╱ =糸をつける

W 2wayショルダーバッグ／photo p.29

[用意するもの]

糸　ハマナカ エコアンダリヤ（40g玉巻き）
　　ベージュ（23）195g

針　5/0号かぎ針

その他　カシメ式マグネット付丸型ホック 14mm
　　　　（金/H206-047-1）1組み

[ゲージ]　模様編み　26目10段が10cm四方
　　　　　細編みの筋編み　18.5目16段が10cm
　　　　　四方

[サイズ]　幅20cm　深さ17.5cm　まち14cm

[編み方]

糸は1本どりで編みます。

底、側面は鎖49目を作り目し、模様編みで編みます。ふたは模様編みで、1段めで減らして編みます。底の作り目から拾い、反対側の底と側面を模様編みで編み、最終段を細編みの筋編みで編みます。まちは鎖26目を作り目し、細編みの筋編み（裏側を編む時は前段の手前の鎖半目をすくう）で編みます。本体の側面、底をまちと重ね、細編みでつなぎます。ふたの回りに縁編みを編みます。持ち手は鎖36目を、ひもは鎖220目を作り目し、細編みを編みます。上下を突き合わせ、両端を6目ずつ残してとじます。持ち手をふたに、ひもをまちにとじつけます。側面とふたにマグネットホックをつけます。

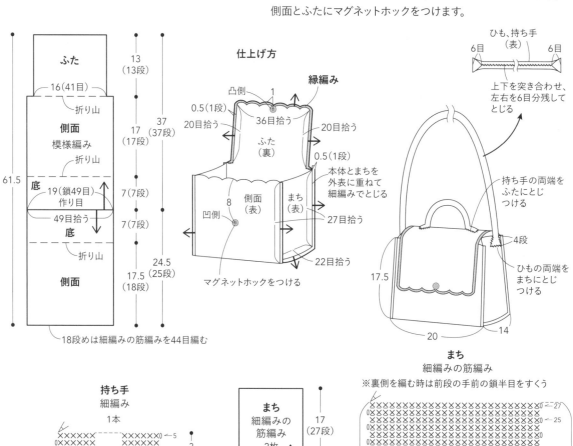

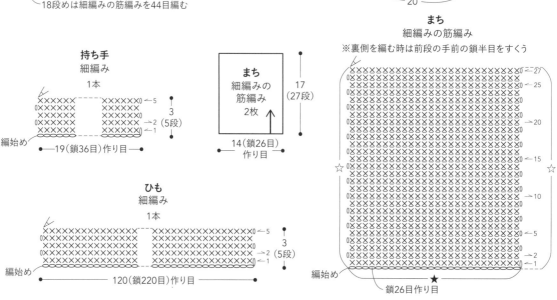

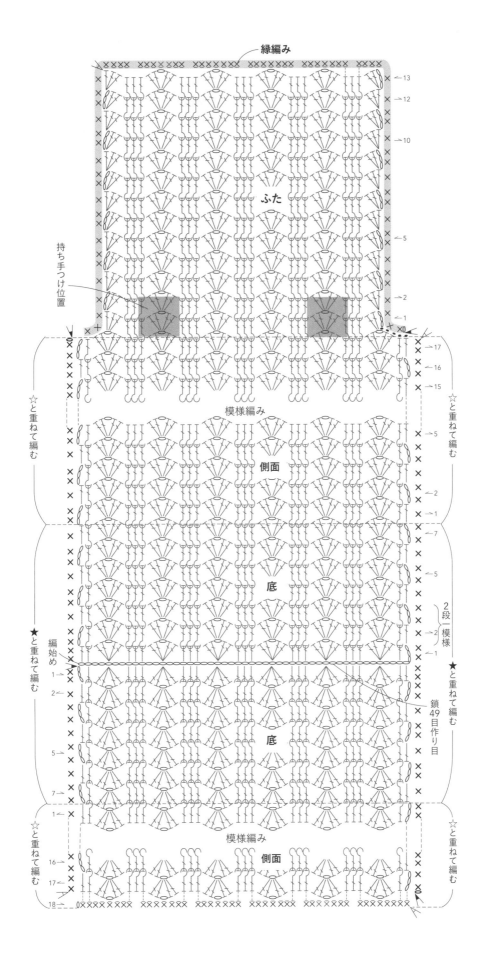

縁編み

ふた

持ち手つけ位置

模様編み
側面

底

底

編始め

☆と重ねて編む

★と重ねて編む

2段一模様

鎖49目作り目

模様編み
側面

☆と重ねて編む

★と重ねて編む

= 糸を切る
= 糸をつける

Y 格子模様のトートバッグ／photo p.31

[用意するもの]
糸　ハマナカ エコアンダリヤ（40g玉巻き）
　　ベージュ（23）200g
針　5/0号かぎ針
その他　レザーだ円底（ベージュ/H204-618-1）1枚
[ゲージ]　模様編み　19目9段が10cm四方
[サイズ]　入れ口幅38cm　深さ27.5cm
[編み方]
糸は1本どりで編みます。
レザー底の穴に細編みを編み入れます（p.35）。側面は
模様編みで増減なく編みます。入れ口は細編みの畝編み
で往復して輪に編みます。持ち手はえび編み（p.48）で
編み、ひも通し位置に通してから輪につなぎます。

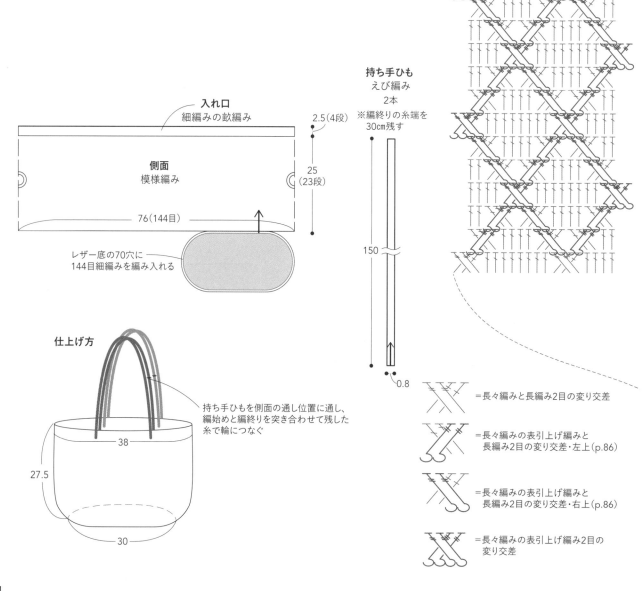

入れ口
細編みの畝編み

2.5（4段）

側面
模様編み

25
（23段）

76（144目）

レザー底の70穴に
144目細編みを編み入れる

脇

持ち手ひも
えび編み
2本
※編終りの糸端を
30cm残す

150

0.8

仕上げ方

持ち手ひもを側面の通し位置に通し、
編始めと編終りを突き合わせて残した
糸で輪につなぐ

38

27.5

30

＝長々編みと長編み2目の変り交差

＝長々編みの表引上げ編みと
長編み2目の変り交差・左上（p.86）

＝長々編みの表引上げ編みと
長編み2目の変り交差・右上（p.86）

＝長々編みの表引上げ編み2目の
変り交差

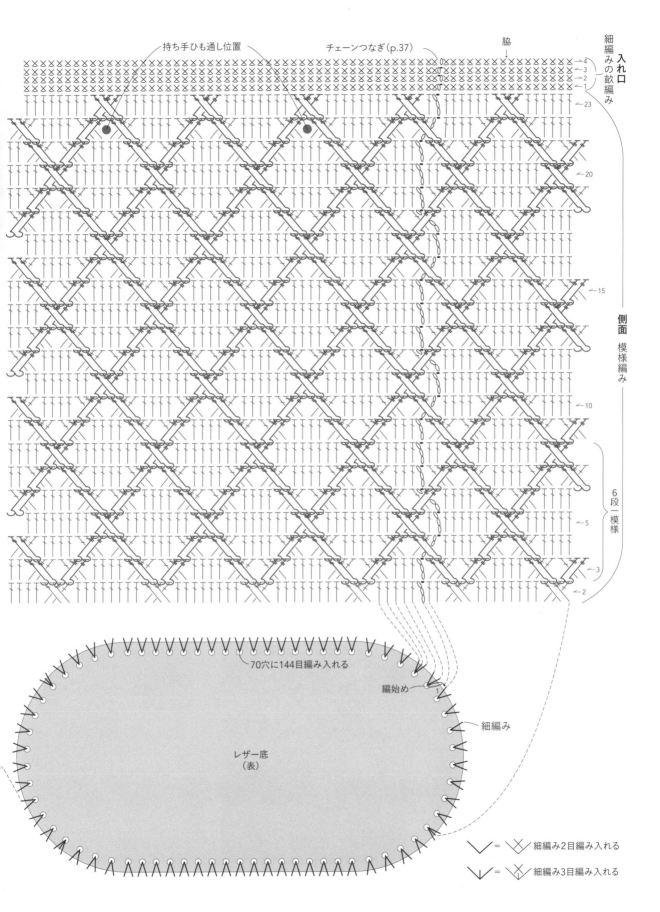

長々編みの表引上げ編みと長編み2目の変り交差・左上

1. 交差を編む位置で前段の1、2は飛ばして3の目の柱を矢印のように表側からすくって長々編みを編みます。

2. 針を入れたところ。糸を長めに引き出しながら編みます。

3. 1目編んだところ。同様に4の目の柱にも長々編みの表引上げ編みを編みます。

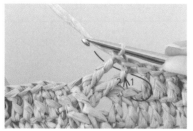

4. 2目編んだところ。編んだ目の後ろ側で、1の目の頭をすくって長編みを編みます。

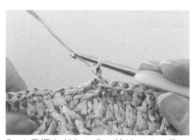

5. 1目編んだところ。続けて2の目にも同様に長編みを編みます。

6. 2目編んだところ。交差ができました。

長々編みの表引上げ編みと長編み2目の変り交差・右上

1. 交差を編む位置で、前段の1、2は飛ばして3、4の目に長編みを編みます。

2. 2目編んだところ。1の目の柱を矢印のように表側からすくって長々編みを編みます。

3. 針を入れたところ。

4. 長々編みが編めたところ。同様に、2の目の柱をすくって長々編みを編みます。

5. 2目編んだところ。交差ができました。

X シンプルなマルシェバッグ／photo p.30

[用意するもの]

糸　ハマナカ エコアンダリヤ（40g玉巻き）
　　ベージュ（23）240g
針　5/0号、6/0号かぎ針
[ゲージ]　細編み　20目20段が10cm四方（5/0号針）
　　　　模様編み
　　　　19目が10cm　7段（1模様）が3cm
[サイズ]　入れ口幅45.5cm　底直径18cm　深さ
　　　　21.5cm

[編み方]

糸は1本どりで、指定の針の号数で編みます。
内底は輪の作り目をし、細編みで増しながら編み、糸を切ります。底は輪の作り目をし、細編みで増しながら編みます。側面を細編みの裏引上げ編みで1段編み、2段めで内底を外表に重ね、細編みでつなぎます。3段め以降は模様編みで増しながら編みます。持ち手は鎖6目を作り目し、細編みで編みます。持ち手芯は鎖編みと引抜き編みで編みます。持ち手の上下を突き合わせ、左右を12段ずつ残して中に持ち手芯を入れてとじます。側面に持ち手をとじつけます。

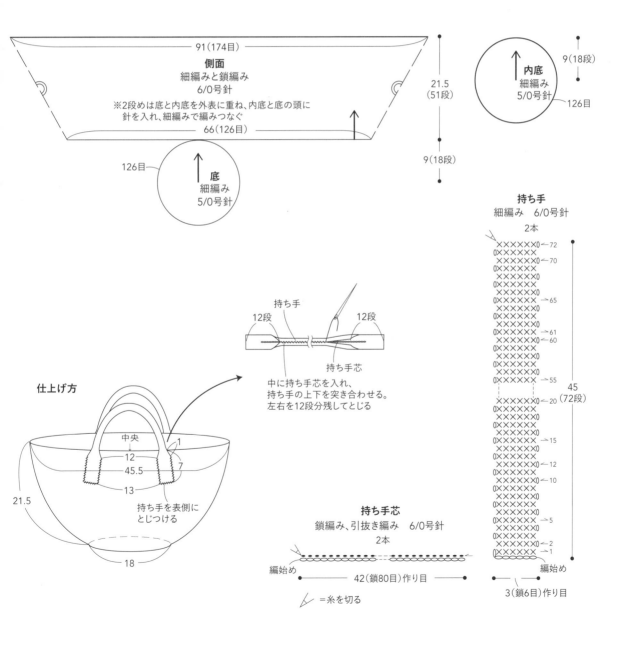

仕上げ方

中央

持ち手を表側に
とじつける

持ち手

12段　　　　　　　12段

持ち手芯

中に持ち手芯を入れ、
持ち手の上下を突き合わせる。
左右を12段分残してとじる

持ち手芯
鎖編み、引抜き編み　6/0号針
2本

編始め　　　42（鎖80目）作り目

✂ =糸を切る

側面
細編みと鎖編み
6/0号針
※2段めは底と内底を外表に重ね、内底と底の頭に
針を入れ、細編みで編みつなぐ
91（174目）
66（126目）
21.5（51段）
9（18段）

底
細編み
5/0号針
126目

内底
細編み
5/0号針
126目
9（18段）

持ち手
細編み　6/0号針
2本
45（72段）

3（鎖6目）作り目
編始め

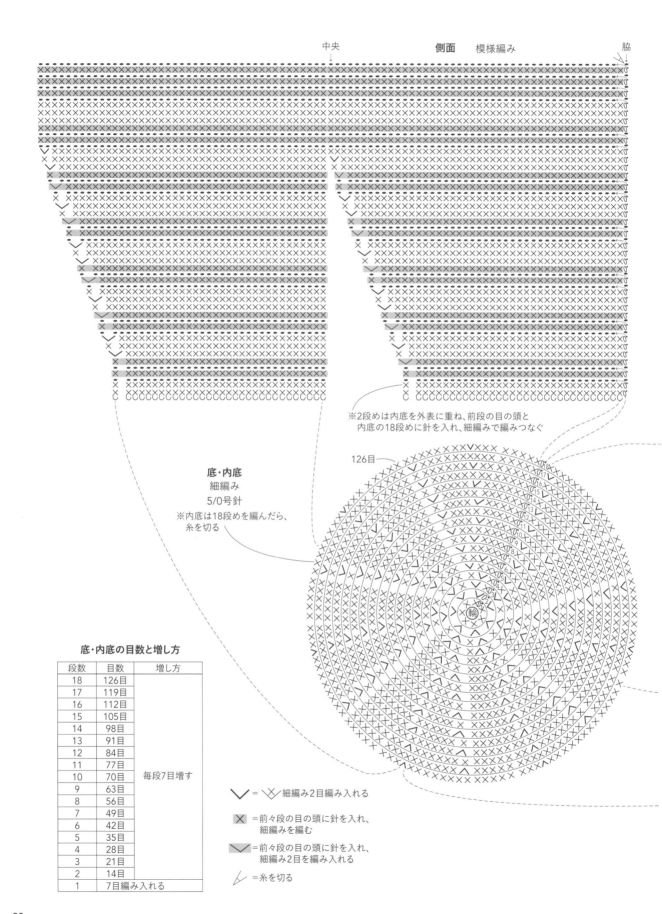

中央　　　　　　側面　模様編み　　　　　　　脇

※2段めは内底を外表に重ね、前段の目の頭と
　内底の18段めに針を入れ、細編みで編みつなぐ

126目

底・内底
細編み
5/0号針
※内底は18段めを編んだら、
　糸を切る

底・内底の目数と増し方

段数	目数	増し方
18	126目	
17	119目	
16	112目	
15	105目	
14	98目	
13	91目	
12	84目	
11	77目	
10	70目	毎段7目増す
9	63目	
8	56目	
7	49目	
6	42目	
5	35目	
4	28目	
3	21目	
2	14目	
1	7目編み入れる	

= 細編み2目編み入れる

✕ =前々段の目の頭に針を入れ、
　　細編を編む

=前々段の目の頭に針を入れ、
　　細編み2目を編み入れる

=糸を切る

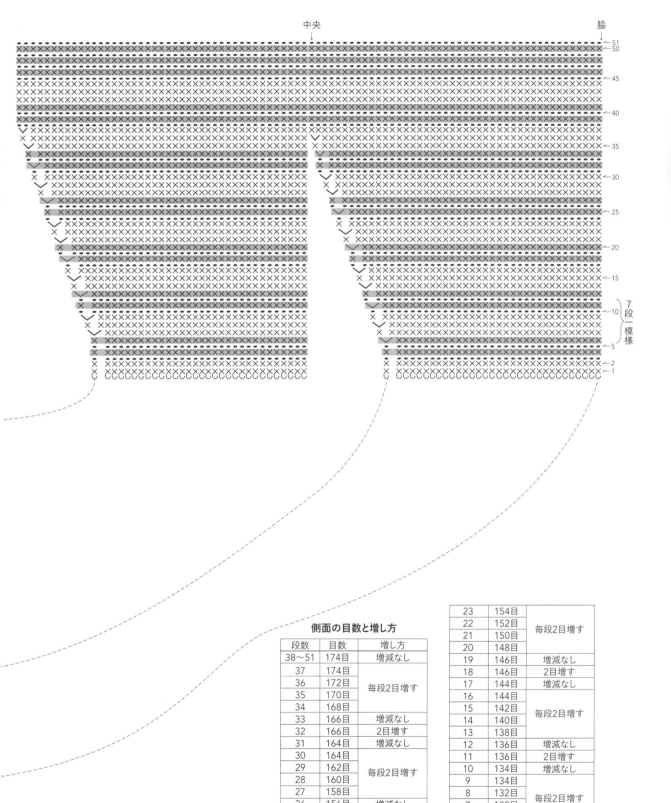

中央　　　　　　　　　　　　　　　脇

7段一模様

側面の目数と増し方

段数	目数	増し方
38～51	174目	増減なし
37	174目	毎段2目増す
36	172目	
35	170目	
34	168目	
33	166目	増減なし
32	166目	2目増す
31	164目	増減なし
30	164目	毎段2目増す
29	162目	
28	160目	
27	158目	
26	156目	増減なし
25	156目	2目増す
24	154目	増減なし

段数	目数	増し方
23	154目	毎段2目増す
22	152目	
21	150目	
20	148目	
19	146目	増減なし
18	146目	2目増す
17	144目	増減なし
16	144目	毎段2目増す
15	142目	
14	140目	
13	138目	
12	136目	増減なし
11	136目	2目増す
10	134目	増減なし
9	134目	毎段2目増す
8	132目	
7	130目	
6	128目	
1～5	126目	増減なし

Z　ブーケの刺繍のクラッチバッグ／photo p.32

[用意するもの]

糸　ハマナカ エコアンダリヤ（40g 玉巻き）
　　グレージュ（169）115g　マスタード（139）、グレー
　　（151）、オリーブ（61）各少々
針　6/0号かぎ針
その他　マグネット付丸型ホック18mm
　　　（アンティーク/H206-041-3）1組み

[ゲージ]　細編み　19目22段が10cm四方
[サイズ]　幅24.5cm　深さ19cm

[編み方]

糸はグレージュ1本どりで編みます。

側面、ふたは鎖45目を作り目し、細編みで編みます。ホック土台は輪の作り目をし、細編みで増しながら編みます。ふたに刺繍をします。側面の折り山（底）を折って外表に重ね、両脇をグレージュで巻きかがりにします。ホック土台にマグネットホック（凸側）をつけます。ふた裏側にホック土台をとじつけます。側面にもう一方のマグネットホック（凹側）をつけます。

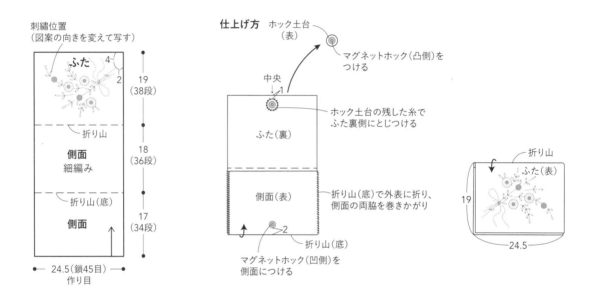

刺繍図案（200%に拡大して使用する）
・糸はすべて1本どり

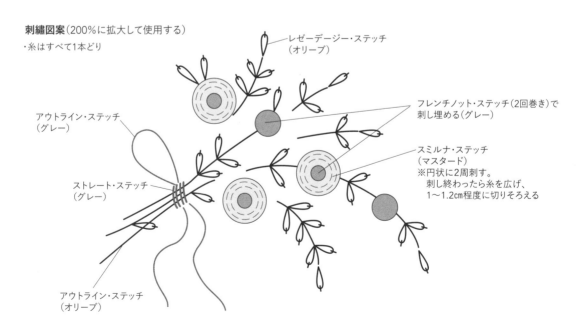

レゼーデージー・ステッチ（オリーブ）

フレンチノット・ステッチ（2回巻き）で刺し埋める（グレー）

スミルナ・ステッチ（マスタード）
※円状に2周刺す。
　刺し終わったら糸を広げ、
　1〜1.2cm程度に切りそろえる

アウトライン・ステッチ（グレー）

ストレート・ステッチ（グレー）

アウトライン・ステッチ（オリーブ）

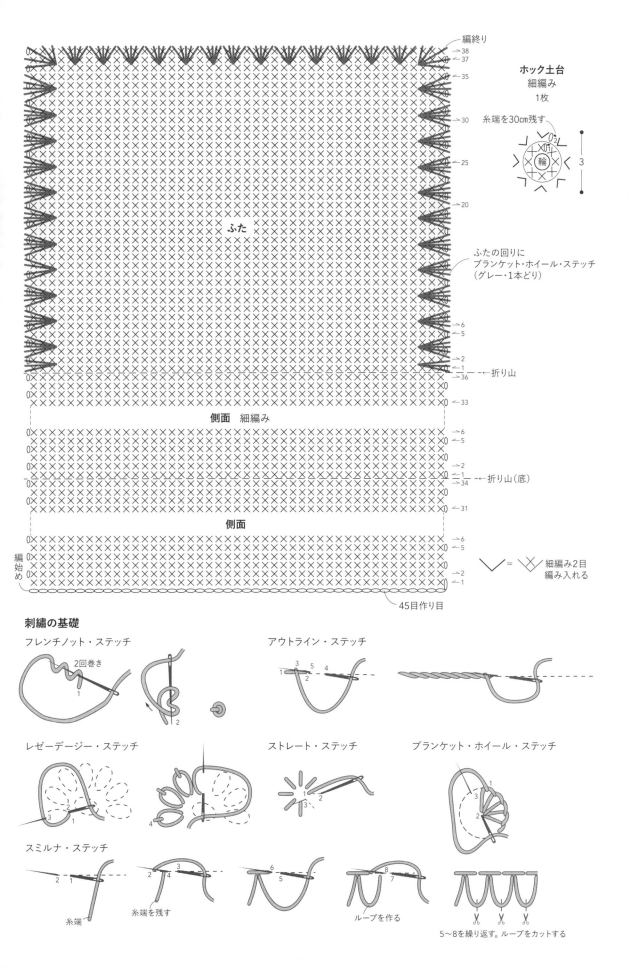

ホック土台
細編み
1枚

糸端を30cm残す

編終り
→38
→37
→35
→30
→25
→20
←6
←5
←2
←1
←36 ←折り山

ふた

ふたの回りに
ブランケット・ホイール・ステッチ
（グレー・1本どり）

側面 細編み
←33
→6
→5
→2
←1
←34 ←折り山（底）
←31

側面
←6
←5
←2
←1

編始め

45目作り目

$\vee$ ＝ $\times\!\!\!\!\vee$ 細編み2目編み入れる

刺繍の基礎

フレンチノット・ステッチ
2回巻き

アウトライン・ステッチ

レゼーデージー・ステッチ

ストレート・ステッチ

ブランケット・ホイール・ステッチ

スミルナ・ステッチ
糸端
糸端を残す
ループを作る
5〜8を繰り返す。ループをカットする

かぎ針編みテクニックガイド

［作り目］

鎖の作り目

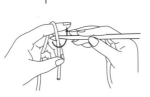 1  2 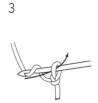 3 4 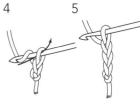 5

左手にかけた編み糸に
針を内側から入れて糸
をねじります

人さし指にかかってい
る糸を針にかけて引き
出します

針に糸ををかけて引き
出します

繰り返して必要目数編
みます

鎖目からの拾い方

立上り
鎖3目

台の目

半目と裏山を拾う

鎖状になっているほう
を下に向け、鎖半目と
裏山に針を入れます

作り目からの拾い目は鎖半目
と裏山に針を入れます。作り
目の反対側を拾うときは、残
った鎖半目を拾います

2重の輪の作り目

 1  2 3 4

指に2回巻きます

糸端を手前にして、輪
の中から糸を引き出し
ます

1目編みます。この目
は立上りの目の数に入
れます

5 6 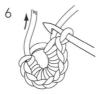 7 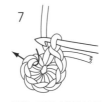 8

輪の中に針を入れて1段め
を必要目数編みます

1段めを編み入れたら糸
端を少し引っ張り小さく
なったほうの輪を引いて、
さらに糸端を引き、輪を
引き締めます

最後の引抜き編みは最
初の目の頭2本に針を
入れて糸をかけて引き
抜きます

1段めが編めたところ

鎖編みの輪の作り目

 1 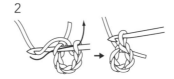 2

鎖編みを必要目数編
み、1目めの鎖半目と
裏山に針を入れます

針に糸ををかけて引き出します
（最後の引抜き編み）

［編み目記号］

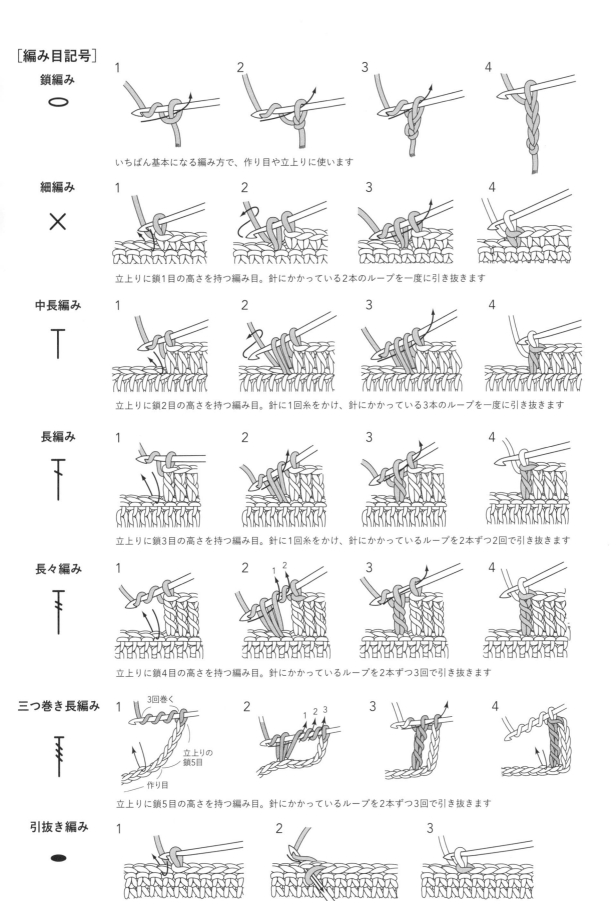

鎖編み

○

1 2 3 4

いちばん基本になる編み方で、作り目や立上りに使います

細編み

✕

1 2 3 4

立上りに鎖1目の高さを持つ編み目。針にかかっている2本のループを一度に引き抜きます

中長編み

T

1 2 3 4

立上りに鎖2目の高さを持つ編み目。針に1回糸をかけ、針にかかっている3本のループを一度に引き抜きます

長編み

1 2 3 4

立上りに鎖3目の高さを持つ編み目。針に1回糸をかけ、針にかかっているループを2本ずつ2回で引き抜きます

長々編み

1 2 3 4

立上りに鎖4目の高さを持つ編み目。針にかかっているループを2本ずつ3回で引き抜きます

三つ巻き長編み

1 3回巻く 立上りの鎖5目 作り目 2 1 2 3 3 4

立上りに鎖5目の高さを持つ編み目。針にかかっているループを2本ずつ3回で引き抜きます

引抜き編み

●

1 2 3

前段の編み目の頭に針を入れ、糸をかけて一度に引き抜きます

93

細編みの筋編み

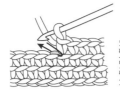

裏側

前段の目の向う側鎖半目をすくって細編みを編みます
※長編み、引抜き編みの場合も同じ要領で編みます

細編みの畝編み

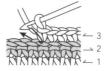

← 3
→ 2
← 1

前段の目の向う側鎖半目をすくって、
細編みの筋編みの要領で往復して編みます
※引抜き編みの場合も同じ要領で編みます

長編みの表引上げ編み

1 　　2 　　3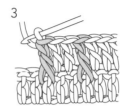

前段の柱を手前側からすくい、長めに糸を引き出して長編みと同じ要領で編みます
※長々編みの場合も同じ要領で編みます

長編みの裏引上げ編み

1 　　2 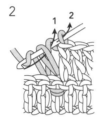　　3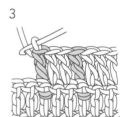

前段の柱を裏側からすくい、長めに糸を引き出して長編みと同じ要領で編みます
※細編みの場合も同じ要領で編みます

バック細編み

1 　2 　3 　4 　5

編終りの1目手前の細編みに針を入れ、細編みを編みます。前段を戻りながら細編みを編みます

細編み2目編み入れる

1 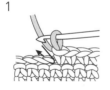　2 　3 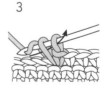　4

前段の1目に細編みを2目編み入れ、1目増します
※ は細編みを3目編み入れます　※筋編み、畝編みの場合も同じ要領で編みます

長編み2目編み入れる

1 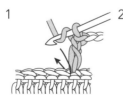　2 　3 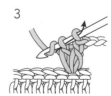　4

前段の1目に長編み2目を編み入れ、1目増します
※引上げ編みの場合や、目数が異なる場合も同じ要領で編みます

細編み2目一度

 1  2 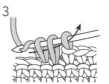 3  4

糸を引き出しただけの未完成の2目を、針に糸をかけて一度に引き抜きます。1目減ります

中長編み3目の玉編み

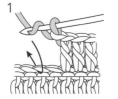 1 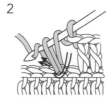 2 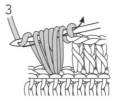 3 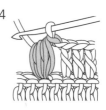 4

未完成の中長編み3目を一度に引き抜きます。※目数が異なる場合も同じ要領で編みます

長編み3目の玉編み

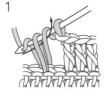 1 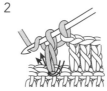 2 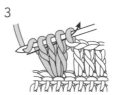 3 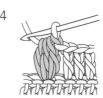 4

未完成の長編み3目を一度に引き抜きます。※長々編みの場合や、目数が異なる場合も同じ要領で編みます

長編み5目のパプコーン編み

 1  2  3  4

同じ目に長編みを5目編み入れます。針を抜き、矢印のように入れ直し(1)、目を引き出します(2)。
引き出した目がゆるまないように、鎖編みを1目編みます(3)。鎖編みが目の頭になります

長編みの変り交差

 1  2

1目先の目に長編みを編みます。次の目は針を長編みの後ろ側を
通って矢印のように入れ、長編みを編みます

1目先の目に長編みを編みます。
次の目は針を長編みの前側を通って
矢印のように入れ、長編みを編みます

鎖3目のピコット

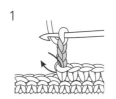 1  2 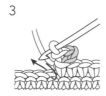 3 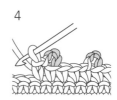 4

鎖3目を編み、細編みに編み入れ、針にかかっている3ループを引き抜きます

［とじ・はぎ］

巻きかがり

全目 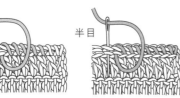 半目

2枚の編み地を中表に合わせて、それぞれ最終段
の頭の糸を、全目の場合は2本、半目の場合は内
側1本ずつに針を入れてかがります

引抜きはぎ

 1 2 3

2枚の編み地を合わせ鎖目の頭を2本ずつ拾って引き抜き編みを編みます

Designers

青木恵理子　池上 舞　岡 まり子　岡本啓子

金子祥子　河合真弓　サイチカ　しずく堂

ナガイマサミ　舩越智美　松田久美子

Knitting.RayRay　Little Lion　marshell

poritorie　Sachiyo＊Fukao　ucono おのゆうこ　ハマナカ企画

この本の作品はハマナカ手芸手あみ糸を使用しています。
糸、副資材については下記へお問い合わせください。

ハマナカ

〒616-8585

京都市右京区花園藪ノ下町2番地の3

hamanaka.co.jp

材料の表記は2023年2月現在のものです。

［撮影協力］

■ Hériter

KMDFARM.CO.,LTD

Instagram：heriter_official

p.5　ライトグレーガウン、デニム

cover、p.6、7、12　グラデーションワンピース

p.10、25　ブラックノースリーブワンピース

p.16、22　ブラックロングスリーブワンピース

p.31　レースブラウス、デニム

■ HAU

claskashop.com

Instagram：hau_clothes

p.14、15、26　ピンクトップス、パンツ

p.20、21　ブルートップス、パンツ

p.23　ブラックポロニット

■ AWABEES

■ UTUWA

staff

ブックデザイン／鳥沢智沙（sunshine bird graphic）

撮影／滝沢育絵

　　　安田如水（p.2,3,34〜37,86／文化出版局）

スタイリング／伊東朋惠

モデル／髙橋佳子

ヘアメイク／KOMAKI

原稿・編み方イラスト／田中利佳

校閲／向井雅子

編集／小泉未来

　　　三角紗綾子（文化出版局）

エコアンダリヤのデザイン31

大人のためのかごバッグと帽子

文化出版局編

2023年2月19日　第1刷発行
2023年7月31日　第2刷発行

発行者　　清木孝悦

発行所　　学校法人文化学園 文化出版局
　　　　　〒151-8524 東京都渋谷区代々木3-22-1
　　　　　tel. 03-3299-2487（編集）
　　　　　tel. 03-3299-2540（営業）

印刷・製本所　株式会社文化カラー印刷